Boules de Noël

Arne & Carlos

les éditions de saxe

Sommaire

les éditions de saxe
13, rue Jules Verne
CS 40205 - 69630 Chaponost
www.edisaxe.com

les éditions de saxe - octobre 2011, 2019

Illustrations : ARNE & CARLOS
Photos : Ragnar HARTVIG
Stylisme : Ingrid SKAANSAR
Graphisme : Gina Rose Design
Traduction : Eva SAUVEGRAIN

Achèvement du tirage : octobre 2011 - Dépôt légal : à parution

ISBN : 978-2-7565-0774-3
Impression R.P.C.

AVANT-PROPOS

Nous vivons et travaillons dans une ancienne gare dans le village d'Etnedal à Valdres

Depuis 2002, nous travaillons sous notre propre marque. Au début, nous fabriquions des articles en tricot et des vêtements en tissu que nous vendions à des boutiques dans le monde entier. Cependant notre préférence a toujours été le tricot. Nos modèles tricotés sont à l'origine du succès rencontré dans les salons de mode à l'étranger. Au terme de quelques années, nous avons décidé de nous consacrer uniquement au tricot et nous avons créé notre propre marque – Arne & Carlos. Nous nous sommes lancés dans la création de pulls, gilets et accessoires tels que bonnets, écharpes, moufles avec des motifs d'inspiration nordique.

Tous deux, nous avons grandi dans un milieu où l'on tricotait et crochetait, les aiguilles et pelotes de laine faisaient partie de notre quotidien. Mais ce n'est que tardivement que nous nous sommes aperçus que nous avions le désir d'en faire notre métier. Et voici donc notre premier livre ! Nous produisons bien sûr des ouvrages tricotés à la machine, et nous aimons également créer des explications pour des modèles "fait main". Notre façon de travailler nécessite une grande recherche dans le domaine des tricots anciens que nous utilisons ensuite pour créer notre propre univers. C'est dans le but de vous exposer nos sources d'inspiration et la manière dont nous travaillons que nous avons conçu ce livre. Espérons qu'il vous plaira !

Noël est une période très particulière pour les Scandinaves. L'hiver est long, froid et sombre. Nous passons beaucoup de temps à l'intérieur à faire toutes sortes de travaux manuels. Notre première idée pour ce livre était tout naturellement celle des décorations de Noël. En novembre et décembre, les ateliers de Noël existent un peu partout dans notre pays, et le plaisir de créer est à son comble ! Le concept de notre livre est simple : des boules décoratives tricotées, basées sur une seule explication permettant ainsi de réaliser 55 modèles différents. Et rien ne vous empêche de créer vos propres variantes !

Il ne nous reste plus qu'à vous souhaiter beaucoup de plaisir
en découvrant ces pages.
Joyeux Noël

ARNE & CARLOS

Même la maison de poupée fabriquée par nos soins contient une pièce spécialement aménagée en atelier de Noël.

Des souvenirs de Noël d'un peu partout ont trouvé leur place dans une grande malle.

CHAPITRE 1

INTRODUCTION

Chez nous, la première neige arrive souvent en octobre. Il n'est pas rare, qu'à cette époque, qu'il reste encore des fleurs dans notre jardin. C'est joli de voir ces fleurs colorées recouvertes d'une fine pellicule de neige. Chaque année, on se laisse surprendre. Alors, il faut vite faire le tour du jardin et le préparer pour l'hiver. Les meubles et les outils sont remisés. Les jours raccourcissent. Bientôt, de grosses quantités de neige tomberont pour demeurer tout l'hiver et nous rendre les nuits un peu moins noires. Nous sommes très heureux de vivre ici, si près de la nature.

Mi-novembre, quand le froid s'installe et que la luminosité est faible, nous allumons les bougies. Les préparatifs pour la réalisation de décorations de Noël s'organisent. Arrive enfin le premier dimanche de l'Avent, jour à laquelle débute la décoration de la maison avec nos anciennes et nouvelles créations, mais aussi avec des objets achetés tout faits. C'est amusant de changer quelques détails d'une année sur l'autre. La maison prend une belle allure «cosy» avec des couleurs, des guirlandes et autres ornements.

En réalité, nous préparons Noël toute l'année, cela fait partie de notre métier. Et nous vivons dans l'attente, comme quand nous étions enfants. Ce sentiment peut ressurgir à l'âge adulte. En voyage, nous sommes toujours à la recherche d'objets insolites ayant un rapport avec Noël, quel que soit le moment de l'année et le pays visité. Nous avons rapporté des anges du Texas, de la céramique du Mexique, une crèche en bois sculpté du Pérou, d'innombrables boules en verre de chez Fortnum & Mason et des décorations style victorien du Victoria & Albert Museum de Londres. Nous aimons écumer les marchés aux puces : des objets qui, au départ, ne sont pas destinés à devenir des décorations de Noël, tels que des glands pour rideaux, des morceaux de tissu, des perles, des franges dorées, des cristaux pour lustres sont revisités et transformés, devenant ainsi très tendance !

EN COLLABORATION AVEC COMME DES GARÇONS,

Une boule de Noël est née

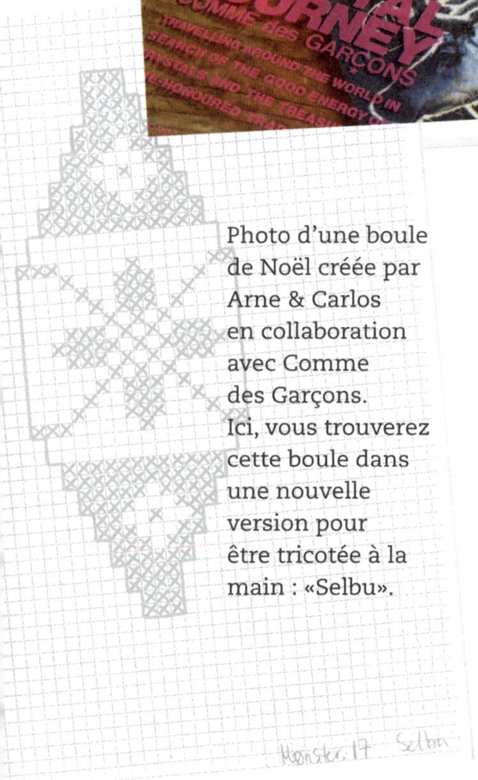

Photo d'une boule de Noël créée par Arne & Carlos en collaboration avec Comme des Garçons. Ici, vous trouverez cette boule dans une nouvelle version pour être tricotée à la main : «Selbu».

En 2008, nous avons eu la chance d'obtenir un marché avec la maison de haute couture japonaise Comme des Garçons. Celle-ci nous a commandé toute une collection tricotée : pulls, bonnets, écharpes et cols amovibles. Nous leur avons glissé quelques photos de boules de Noël, pour connaître leur réaction. La propriétaire, Madame Rei Kawakubo, a beaucoup apprécié et nous a immédiatement commandé quatre modèles. Ceux-ci ont été fabriqués au Pérou sur des machines à tricoter et vendus dans ses boutiques à Tokyo, Paris, New York, Londres et Hong Kong. Notre idée de boules de Noël avec des motifs nordiques était devenue une réalité.

Nous avons progressé en adaptant les boules pour le tricot à la main. Des quatre modèles d'origine, nous n'avons conservé telle quelle, que la boule n° 26, «Danse autour du sapin». C'était la seule à pouvoir être tricotée à la machine comme à la main. Pour les trois autres boules, nous avons modifié la marche à suivre pour le tricotage à la main. Il s'agit de la boule n° 18, «Selbu», la boule n° 25, «Étoile filante» et la boule n° 50, «Renne au galop». Nous avons aussi créé 51 nouveaux diagrammes : au total, 55 boules sont expliquées.

CHAPITRE 2

Fournitures, techniques & généralités

Nous utilisons la laine Finullgarn de Rauma ou PT2. Nous avons aussi testé d'autres qualités de fils. Si on choisit un autre type de laine, le résultat ne sera pas identique. La dimension des boules se trouve changée. Si vous suivez les explications page 23, les qualités mentionnées ci-dessus donnent le meilleur résultat. Il faut une laine de structure ferme, pas élastique. Comptez environ 5 g de laine par boule.

Si vous désirez des boules scintillantes, utilisez des laines or ou argent. Ici, nous avons utilisé la qualité Concorde, de Rauma. Cette laine est fine et plus difficile à tricoter. Mais avec un peu de patience, le résultat est au rendez-vous.

Quand le motif est petit, on peut le broder au point de maille, comme par exemple la boule n° 35, «Harpe» ou la boule n° 39, «Ancre» (voir les explications de la broderie page 29). Nous avons utilisé la même qualité de laine pour le tricot et la broderie.

Si vous pensez que c'est difficile ou fastidieux de tricoter des motifs en utilisant des laines classiques, suivez les mêmes explications de base pour vos propres modèles en tricotant des laines fantaisie. Nous avons réalisé des boules dans différentes couleurs avec une laine de Anny Blatt, qualité «Muguet», très scintillante, 100 % polyamide. Cette laine est fine, mais prévue pour des aiguilles n° 5. Nous avons utilisé des aiguilles n° 3 pour garder la même dimension que nos boules en laine classique. Nous vous conseillons de tricoter d'abord un échantillon. Vous trouverez des informations sur les laines Anny Blatt sur www.annyblatt.fr.

Pour réaliser vos boules, il vous faut de la laine, du bourrage, des aiguilles à tricoter, un crochet, des cristaux, une aiguille à coudre, une balance et des ciseaux.

Les boules peuvent aussi être tricotées avec une laine fantaisie. Ici, nous avons utilisé une laine de la marque française Anny Blatt, scintillante à souhait.

Si votre cuisine est bleue, peu importe ! N'hésitez pas à tricoter des boules dans des couleurs assorties à votre intérieur.

Couleurs

Presque toutes nos boules sont réalisées en noir et blanc ou en rouge et blanc. Pour ajouter une note scintillante, utilisez des laines or ou argent. Sur l'une des boules, nous avons ajouté du vert en plus du rouge et blanc. Il faut faire des essais ! Pour ce qui concerne les couleurs, à part le rouge, le noir et le blanc classiques, rien ne vous empêche d'utiliser d'autres teintes. Certaines de nos créations sont à base de tons rose, vert clair, gris et bleu ciel, vous montrant ainsi que les possibilités sont infinies. Choisissez les couleurs que vous aimez, celles qui vous ressemblent !

Au cours d'un voyage à Klaipėda, nous avons craqué pour une très belle édition en lituanien de La Reine des neiges de Hans Christian Andersen. Les superbes couleurs des illustrations nous ont inspirés pour les boules au tricot que vous voyez sur la photo.

La boule terminée pèse environ 25 g, dont 20 g de rembourrage de laine.

Laine Finullgarn de Rauma :
Nos couleurs :
Rouge : réf. 424
Noir : réf. 436
Blanc : réf. 401
Vert : réf. 494

Laine fantaisie Concorde de Rauma :
Nos couleurs :
Or : réf. 20
Argent : réf. 21

Laine PT2 :
Nos couleurs :
Rouge, réf. 88
Noir, réf. 4
Blanc, réf. 1
Vert, réf. 87

Rembourrage

Nous avons essayé différentes matières pour le rembourrage des boules : de la ouate, du rembourrage pour coussins, en coton et en acrylique. Puis nous avons découvert la laine cardée de Rauma (Ullflor, 100% laine), convenant parfaitement à cet usage. Cette laine rend les boules bien tendues et fermes, et qui conserveront leur forme. En plus, c'est un matériau peu onéreux, car il en faut très peu pour réalisar une boule. Nous utilisons en général la qualité Ullflor F01 Blanc naturel, mais la qualité F20 Beige clair ou la qualité F06 Beige conviennent également. Un rembourrage de couleur trop foncée risque de se voir à travers les mailles du tricot. Comptez environ 20 g de Ullflor par boule.

Les boules tricotées peuvent être aussi belles que des boules de verre si vous collez des cristaux ou des perles de verre.

Cristaux

Pour faire scintiller vos boules, utilisez des cristaux Swarovski. Ces cristaux se fixent en principe sur le support au fer à repasser, mais la chaleur du fer risque de brûler la laine. Nous vous conseillons d'abord de repasser la boule à la vapeur, de la rembourrer et de terminer par le collage des cristaux. Les cristaux (perles de verre) s'achètent chez Panduro Hobby, multicolores (réf. 569910) ou incolores (réf. 569908). Nous avons fixé les cristaux avec de la colle spécial tissu.

AIGUILLES À TRICOTER ET CROCHETS

Les boules se tricotent avec des aiguilles n° 3, les attaches se crochètent avec un crochet n° 3.
Avec des aiguilles plus fines ou plus grosses, les boules seront plus petites ou plus grandes. Choisissez les aiguilles en fonction de l'épaisseur de la laine. Nous vous conseillons les aiguilles à tricoter en bambou, plus légères et moins glissantes que les aiguilles métalliques. Elles sont parfaites pour réaliser de petits ouvrages.
La grosseur de vos aiguilles dépend aussi de la manière dont vous tricotez : plus ou moins serrée. Ici, nous comptons 3 mailles pour 1 cm. Il est toujours conseillé de réaliser un échantillon avant de commencer l'ouvrage.

KIT BOULES DE NOËL ARNE & CARLOS

En collaboration avec le fabricant de laine Rauma Ullvarefabrikk, nous avons mis au point des kits complets pour la réalisation des boules. Le kit contient de la laine à tricoter, de la laine cardée pour le rembourrage et les explications. Commandez ce kit sur www.arne-carlos.com

LES MOTIFS

Certains motifs ont été créés par nos soins. Il y a aussi les grands classiques du jacquard de l'Europe du Nord. À en croire que les techniques de tricot traversent les frontières ! Et que les être humains ont un peu les mêmes idées dans tous les pays.
La rose à huit pétales est l'exemple même d'un motif typiquement «norvégien». Mais elle existe aussi dans de nombreux pays où la pratique du tricot est répandue. Autre modèle considéré comme un grand classique en Norvège, le cardigan du Setesdal. Il existe aussi en Allemagne, dans une version similaire. Le renne représente les pays du Nord, c'est vrai, mais le cerf se tricote un peu partout en Europe. Au Pérou, on associe l'étoile à huit pétales au lama et au puma.
Le tricot est une technique qui reflète à la fois les lieux et les époques. Nos motifs sont inspirés par la nature, la religion, les nouvelles tendances, les traditions et la mode. Ils peuvent aussi se référer à des évènements particuliers. Il existe des motifs qui, au départ, n'ont pas été créés spécialement pour Noël, mais pour l'occasion, nous leur avons donné un nom qui les associe à cette fête. Exemples : «Décoration du sapin» ou «Danse autour du sapin».
Les motifs anciens qui figurent dans ce livre ont, surtout été utilisés de manière traditionnelle, pour les moufles, comme par exemple «Rose à huit pétales» et «Dovre». «La luge» et «L'écureuil» sont des motifs typiques de pulls pour enfant qu'on tricotait autrefois. «Cheval à bascule» et «Cochon de Noël» sont des motifs que nous avons créés. Les sources d'inspiration ne manquent pas !

Astuce :
Quand vous tricotez du jacquard, ne sautez pas plus de 6 mailles avant de changer de couleur. Un saut représente l'espace entre 2 mailles jacquard de la même couleur. Si vous devez sauter plus de 6 mailles, croisez les 2 fils sur l'envers. Attention : ne croisez pas les fils à un endroit où ils pourraient être visibles sur l'endroit. Tirez un peu sur votre ouvrage pour que les fils se mettent bien en place sur l'envers. De cette façon, les chances d'obtenir un bon résultat seront accrues. Les fils ne doivent être ni trop lâches, ni trop tendus.

Les généralités

L'explication ci-dessous convient aux 55 boules. Pour chacune d'elles, vous suivrez la grille correspondante et réaliserez ainsi les différents motifs. La grille indique le nombre de mailles tricotées sur chacune des 4 aiguilles, ainsi que les 3 premières mailles du rang de montage (elles ne se tricotent pas). De la même façon les 3 dernières mailles ne se tricotent pas. Au dernier rang, tirez le fil à travers les 12 mailles restantes, resserrez et fixez le fil. Les motifs se tricotent le plus souvent sur 4 aiguilles, quelquefois sur 2 aiguilles. Dans ce dernier cas, vous trouverez 2 grilles identiques côte à côte.

MARCHE À SUIVRE...

1er rang (les 3 premières cases en bas de la grille) : montez 12 m. sur une aiguille n° 3. Répartissez-les sur 4 aiguilles : 3 m. sur chaque aiguille. **2e rang :** 12 m. end. **3e rang :** *2 m. end., augm. 1m. end., 1 m. end.* sur chaque aiguille. **4e rang :** 16 m. end. **5e rang :** *1 m. end., augm. 1 m. end., 2 m. end., augm. 1 m. end.* sur chaque aiguille. **6e rang :** 24 m. end. **7e rang :** *1 m. end., augm. 1 m. end., 4 m. end., augm.1 m. end., 1 m. end.* sur chaque aiguille. **8e rang :** 32 m. end. **9e rang :** *1 m. end., augm. 1 m. end., 6 m. end., augm. 1 m. end., 1 m. end.* sur chaque aiguille. **10e rang :** 40 m. end. **11e rang :** *1 m. end., augm. 1 m. end., 8 m. end., augm. 1 m. end., 1 m. end.* sur chaque aiguille. **12e rang :** 48 m. end. **13e rang :** *1 m. end., augm. 1 m. end., 10 m. end., augm. 1 m. end., 1 m. end.* sur chaque aiguille. **14e rang :** 56 m. end. **15e rang :** *1 m. end., augm. 1 m. end., 12 m. end., augm. 1 m. end., 1 m. end.* sur chaque aiguille. **16e-27e rang :** 64 m. end. **28e rang :** *1 m. end., 2 m. ens. à l'end., 10 m. end., 2 m. ens. à l'end., 1 m. end.* sur chaque aiguille. **29e rang :** 56 m. end. **30e rang :** *1 m. end., 2 m. ens. à l'end., 8 m. end., 2 m. ens. à l'end., 1 m. end.* sur chaque aiguille. **31e rang :** 48 m. end. **32e rang :** *1 m. end., 2 m. ens. à l'end., 6 m. end., 2 m. ens. à l'end., 1 m. end.* sur chaque aiguille. **33e rang :** 40 m. end. **34e rang :** *1 m. end., 2 m. ens. à l'end., 4 m. end., 2 m. ens. à l'end., 1 m. end.* sur chaque aiguille. **35e rang :** 32 m. end. **36e rang :** *1 m. end., 2 m. ens. à l'end., 2 m. end., 2 m. ens. à l'end., 1 m. end.* sur chaque aiguille. **37e rang :** 24 m. end. **38e rang :** *1 m. end., 2 m. ens. à l'end., 2 m. ens. à l'end., 1 m. end.* sur chaque aiguille. **39e rang :** 16 m. end. **40e rang :** *1 m. end., 2 m. ens. à l'end., 1 m. end. sur chaque aiguille. **41e rang :** (les 3 premières cases en haut de la grille). Laissez une longueur de fil d'environ 20 cm, puis coupez-le. Passez le fil à travers les 12 dernières mailles.

Tricoter en rond avec 4 aiguilles (3 m. sur chaque aiguille) Les flèches indiquent le sens du travail

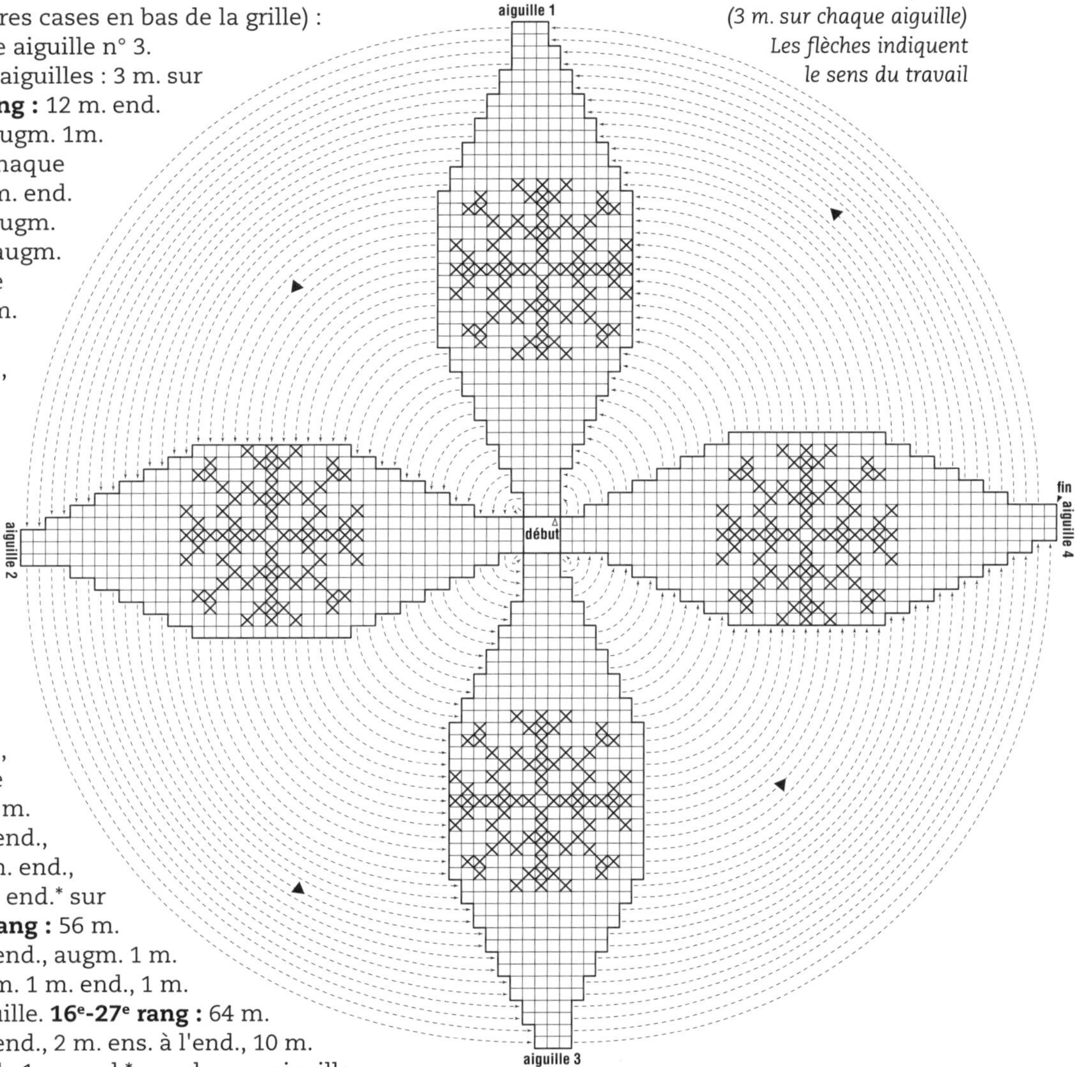

Abréviations : m. = maille / end. = endroit / ens. = ensemble / augm. = augmentation
*** - * répétez de * à * sur les 4 aiguilles**

Insérez l'index à l'intérieur de la boule, répartir régulièrement les 12 mailles autour du doigt. Passez le fil une 2e fois dans toutes les mailles. Fixez le fil sur l'envers en rapprochant les orifices du haut et du bas de la boule. Repassez la boule à la vapeur, rembourrez-la avec de la laine cardée (Ullflor), en répartissant bien la laine à l'intérieur pour lui donner une forme bien ronde. Fermez le fond, fixez le fil.

Attache

Laissez une longueur de fil suffisante, puis avec le crochet, faites une chaîne 40 mailles en l'air. Terminez par 1 maille coulée piquée dans la première maille en l'air. Laissez une longueur de fil suffisante avant de le couper. Passez les 2 extrémités du fil à travers la dernière maille qui se trouve sur le crochet et fixez les fils à l'intérieur de la boule.

TECHNIQUES DE TRICOT ET DE CROCHET

Le pas à pas des techniques de tricot, de crochet
et de broderies utilisées dans ce livre.

A. MONTER LES MAILLES

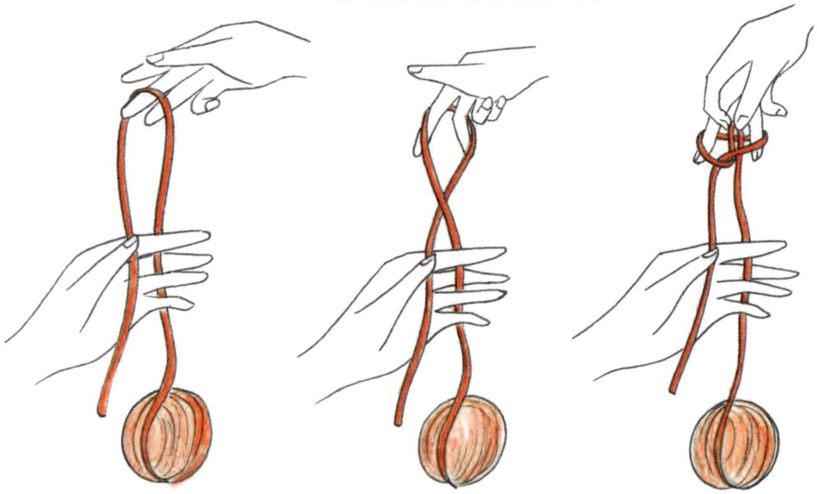

B. FAIRE UNE BOUCLE SUR L'AIGUILLE

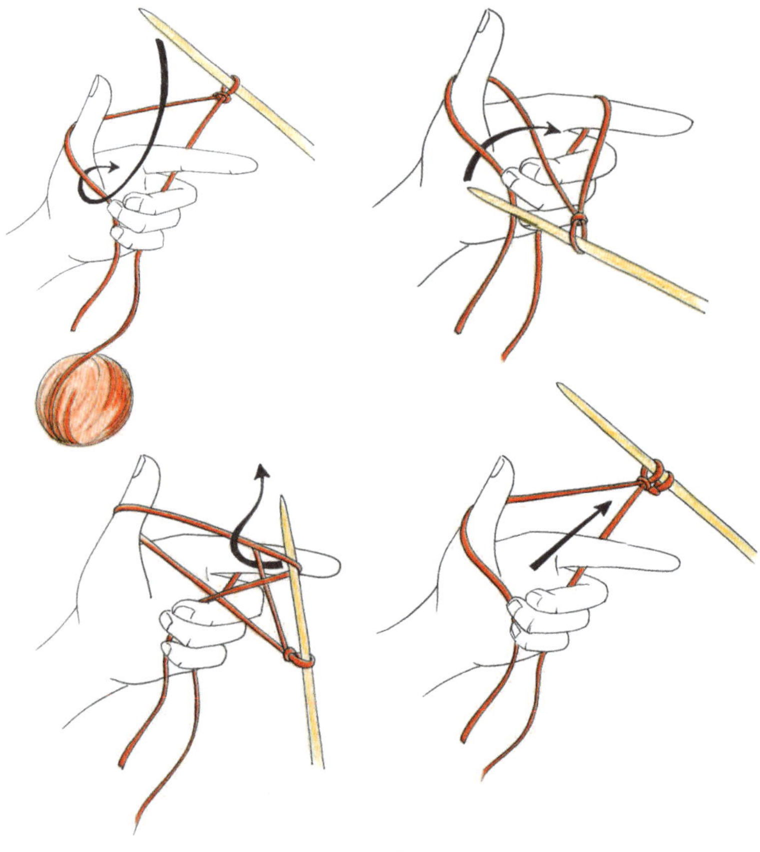

MONTEZ 12 MAILLES SUR UNE AIGUILLE ET RÉPARTISSEZ-LES SUR 4 AIGUILLES.

B. AUGMENTATION

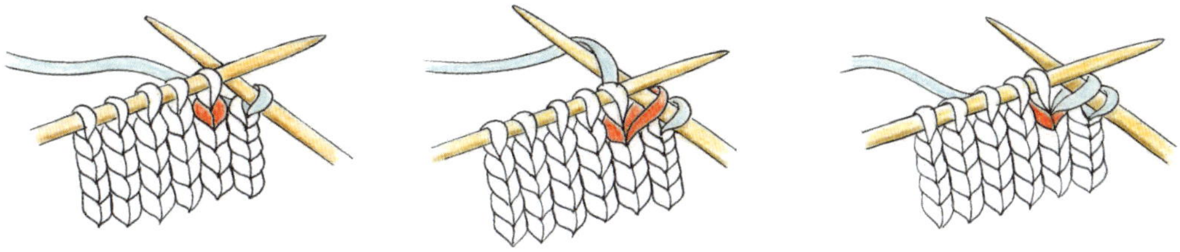

Une augmentation au début du rang est réalisée en tricotant 1 maille dans la 2e maille du rang précédent.

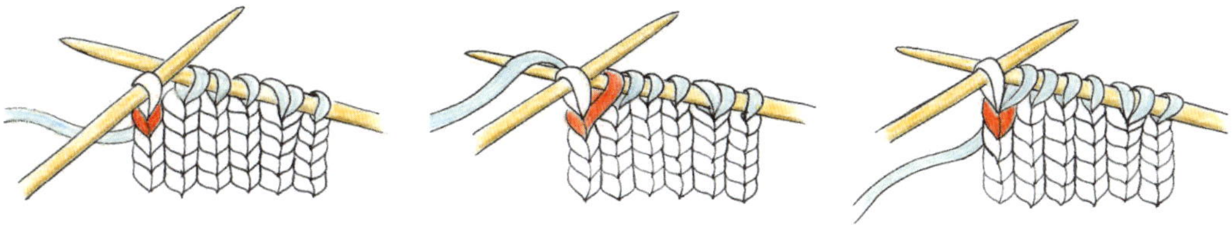

Une augmentation à la fin du rang est réalisée en tricotant 1 maille dans la dernière maille du rang précédent. On évite ainsi la formation d'un « trou » au niveau de l'augmentation et le rembourrage sera invisible. Fixez les fils au fur et à mesure, sauf celui du début, qui servira à fermer la boule après le rembourrage.

C. DIMINUTION D'UNE MAILLE DANS UN MOTIF :

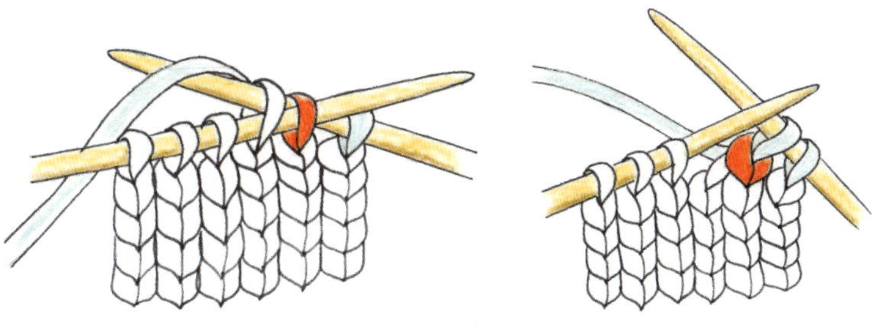

Quand vous devez tricoter 2 mailles ensemble dont l'une fait partie du motif, piquez l'aiguille d'abord dans la maille n° 1 puis dans la maille n° 2, de manière à ce que la maille du motif se positionne au-dessus de l'autre maille.

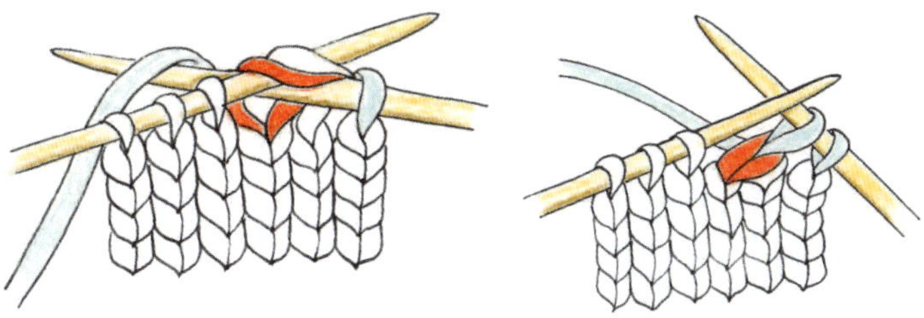

Si la maille du motif est la 2e des 2 mailles qui doivent être tricotées ensemble, tricotez-les comme d'habitude : piquez l'aiguille dans la maille n° 2 puis dans la maille n° 1. Tirez le fil à travers les 2 mailles.

ATTACHE AU CROCHET :

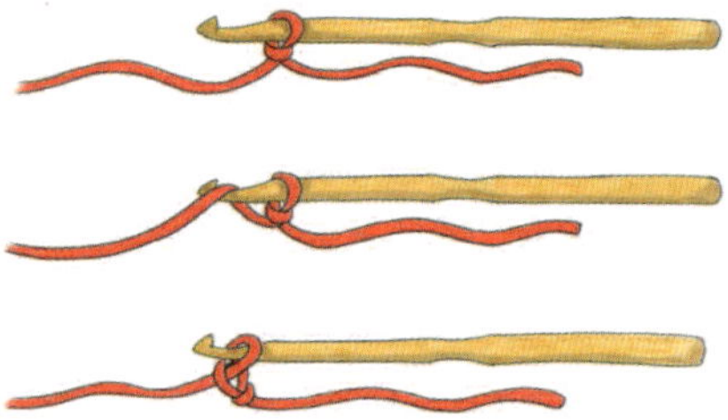

1. Faites d'abord une boucle sur le crochet sans trop la serrer. L'extrémité du fil doit être suffisamment longue pour être fixé ultérieurement en traversant la boule. Prenez le fil de la pelote, passez-le à travers la boucle. Une 1re maille en l'air est crochetée.

2. Continuez de cette manière jusqu'à obtenir 40 mailles en l'air.

3. Piquez le crochet dans la 1re maille en l'air.

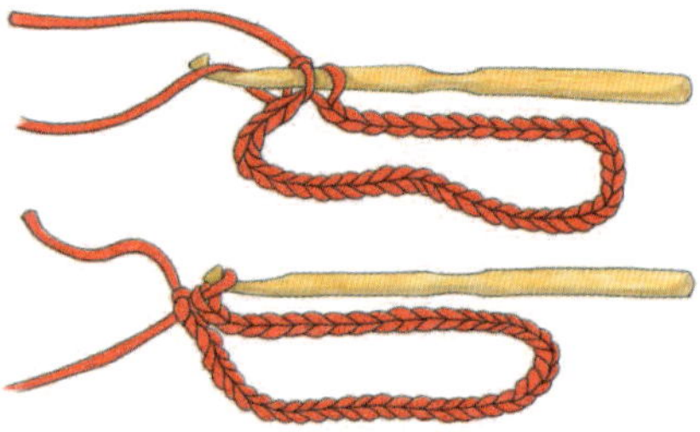

4. Prenez le fil de la pelote et passez-le à travers les 2 mailles sur le crochet.

5. Coupez le fil de la pelote, passez les 2 extrémités à travers la maille sur le crochet. Serrez fortement. L'attache est maintenant prête pour être fixée sur la boule. À l'aide d'une aiguille à laine, faites passer les 2 extrémités du fil à travers la boule, de haut en bas. Nouez les 2 fils ensemble, sans trop serrer, il est impératif que la boule reste bien ronde. Dissimulez-les à l'intérieur de la boule. Admirez le résultat !

L'attache au crochet est réalisée dans la couleur de base de la boule. Ainsi, les extrémités du fil seront invisibles.

Les mailles rebrodées

Voici quelques boules à motif rebrodé plutôt que tricoté.

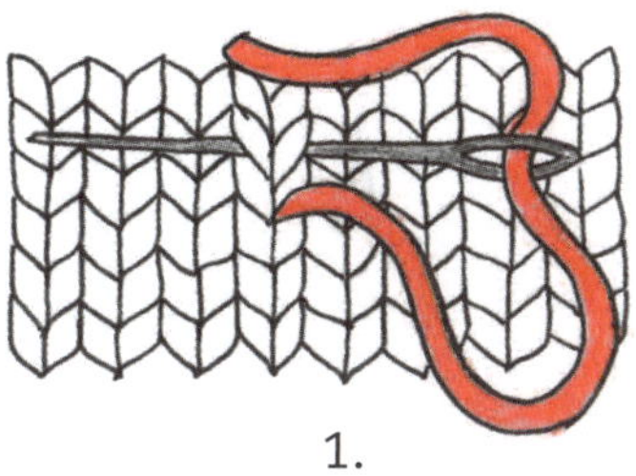

1.

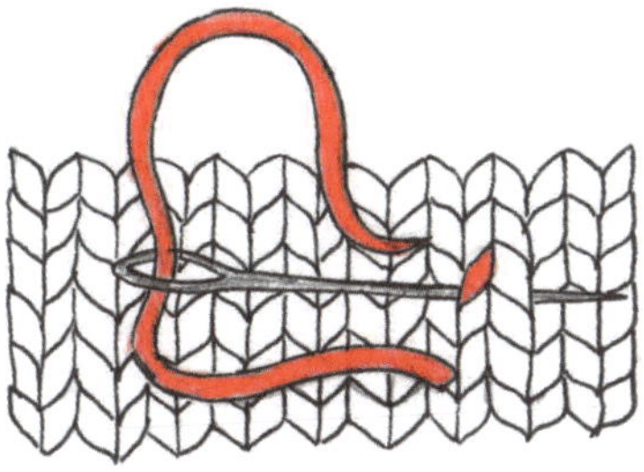

2.

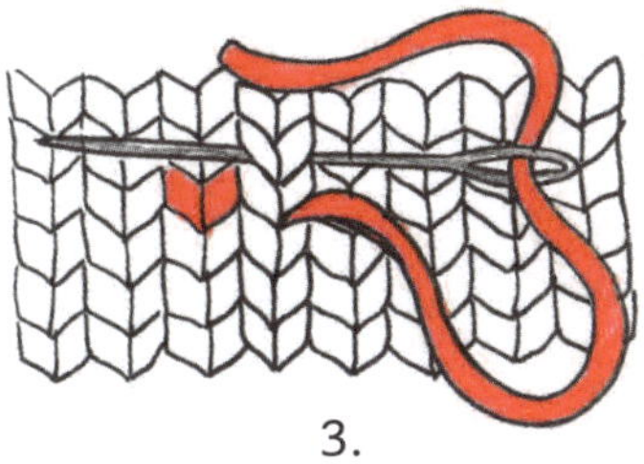

3.

Si vous estimez que le tricot jacquard est compliqué sur des ouvrages aussi petits ou si vous constatez que les fils seront trop longs sur l'envers, suivez les explications pour la réalisation d'une boule de base unie et marquez l'emplacement du motif à l'aide d'un fil à coudre. Tricotez la boule, brodez ensuite le motif au point de maille.

Astuce :
Attachez plusieurs boules ensemble avec des rubans de soie et mettez-les un peu partout dans la maison. Rien ne vous empêche de mélanger les boules à motif tricoté avec celles à motif rebrodé (voir photo).

REPASSAGE DES BOULES

Pour obtenir un bon résultat, repassez les boules au fer position «vapeur» avant de les rembourrer. Pour éviter les brûlures, mettez une toile de coton entre le fer et le tricot.

COLLAGE DES CRISTAUX

Lorsque les boules sont terminées, collez les cristaux avec de la colle à tissu. Il est déconseillé de fixer les cristaux sur les boules au fer à repasser.

Nous préférons fixer les cristaux sur les boules à la colle pour tissu. Sur la photo, une tête de renne au nez rouge ! Nous l'appelons Rodolphe.

CHAPITRE 3

Bientôt Noël

La première neige d'automne est une vraie bénédiction. Elle vient cacher les mauvaises herbes et les parties du jardin qui présentent des imperfections. Tout devient beau et nous inspire pour créer les décorations qui embelliront superbement nos maisons pour Noël.

BOULE 1

« CRISTAL DE NEIGE »

L'hiver pare les arbres et les fleurs de roses de givre. Elles tapissent les fenêtres des vieilles maisons mal isolées. Ce motif, nous l'avons créé. C'est la rose de givre qui, chaque hiver, se dépose sur la vitre de notre atelier.

BOULE 2

« GIVRE »

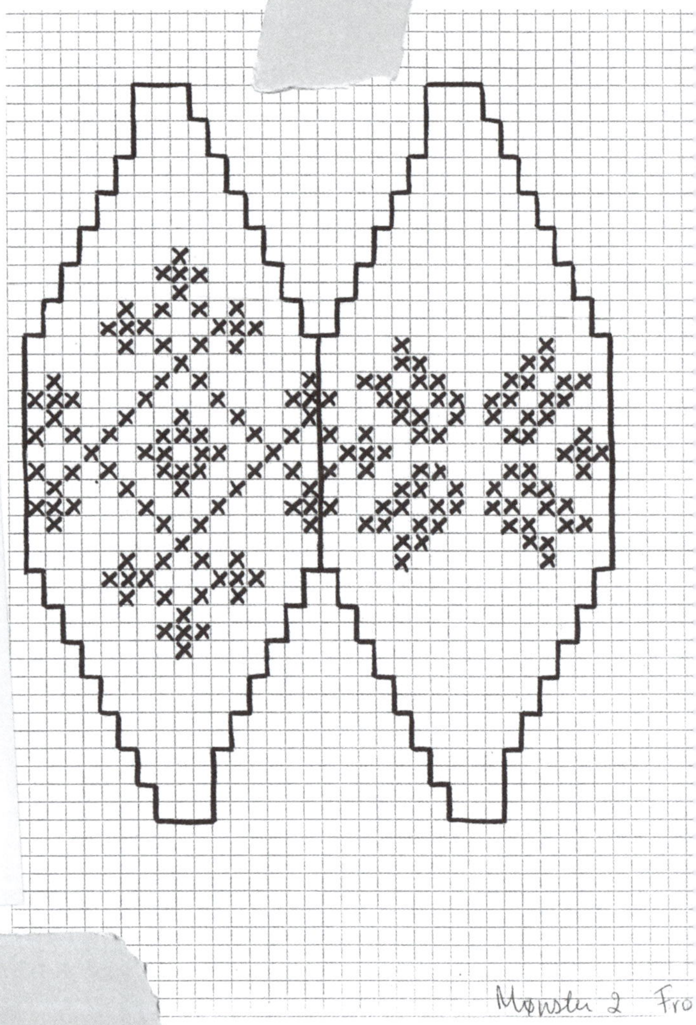

Les roses de givre se présentent sous plusieurs formes, dont voici un exemple.

BOULE 3

« FLOCON DE NEIGE »

Ce motif rappelle les légers flocons qui tombent doucement et recouvrent les dernières fleurs du jardin d'une mince pellicule blanche.

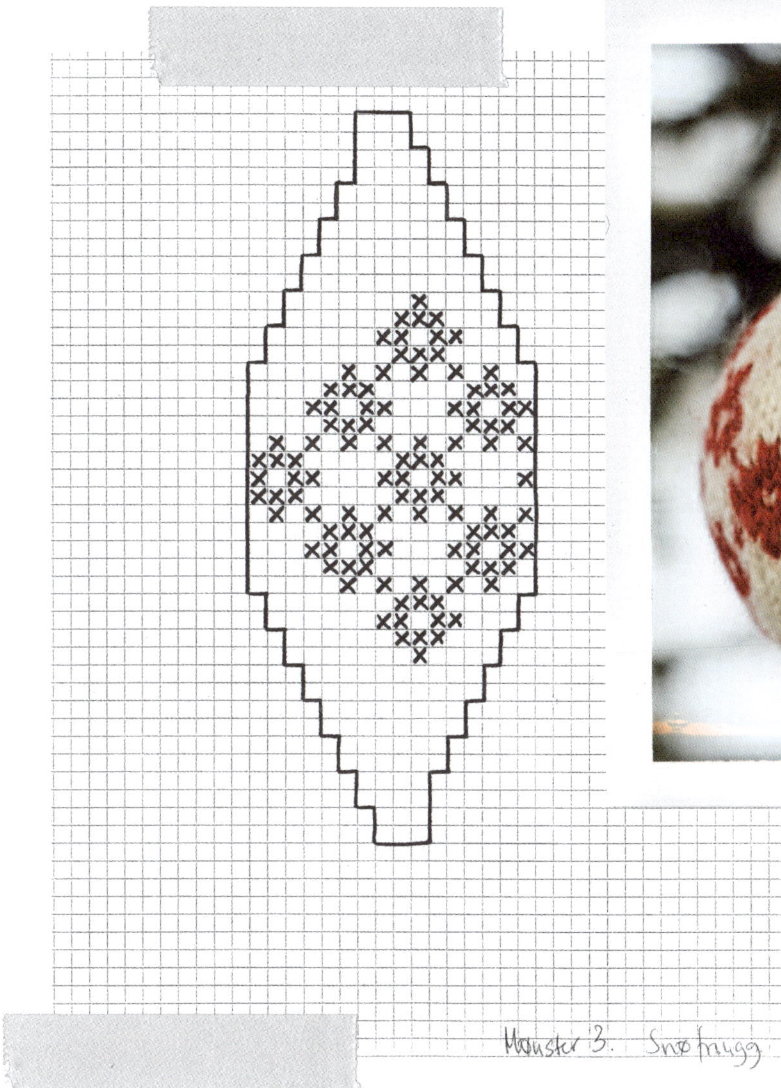

Regarde, il neige, regarde, il neige
Nous sommes contents, hourra !
L'hiver est là, l'hiver est là
Comme nous le voulions, hourra !
Sortons nos luges, mettons nos moufles
Descendons la pente, c'est extra !

Comptine pour enfants écrite par le musicien suédois Felix Körling

BOULE 4

« NEIGE FRAÎCHE »

Ce beau cristal de neige rappelle les gros flocons qui tombent lentement et qu'on appelle des sorcières avec des clous dans le nez.

BOULE 5

« BONHOMME DE NEIGE »

Lorsque l'on est enfant, découvrir la première neige, est une vraie joie. Voici un motif que nous avons créé, il représente un bonhomme de neige tout simple. Un vrai symbole de la première neige.

Vi lengter mot hvite vidder og
taggete jøkler og blånende åser — eller
snetunge graner, kafferast og soldupp i
drypp fra lange istapper.
Vi lengter mot vinterferie!
Og så er ikke spørsmålet om hva vi
sekk langt borte. Det beror selvfølgelig på
hytte. Vi tok en runde for å se hva
og her presenterer vi litt av det store utvalget.
Om ikke annet, så
nyelse.

CHAPITRE 4

Moufles d'enfant

Des scrapbooks pleins d'idées et des malles remplies de vieux tricots : tout peut servir dans notre atelier. Les motifs anciens des moufles d'enfant conviennent très bien pour nos boules, du fait de leur petite taille.

BOULE 6

« ROSE À HUIT PÉTALES »

Les roses à huit pétales sont souvent imprimées, tissées et brodées sur des objets liés à Noël. Cette rose est issue d'un motif figurant sur une moufle d'enfant de chez Den Norske Husflidsforeningen, ou Husfliden (Association norvégienne pour l'artisanat). Nous avons découvert cette rose dans un fascicule publié par Husfliden à Kristiansand.

BOULE 7

« MOUFLE »

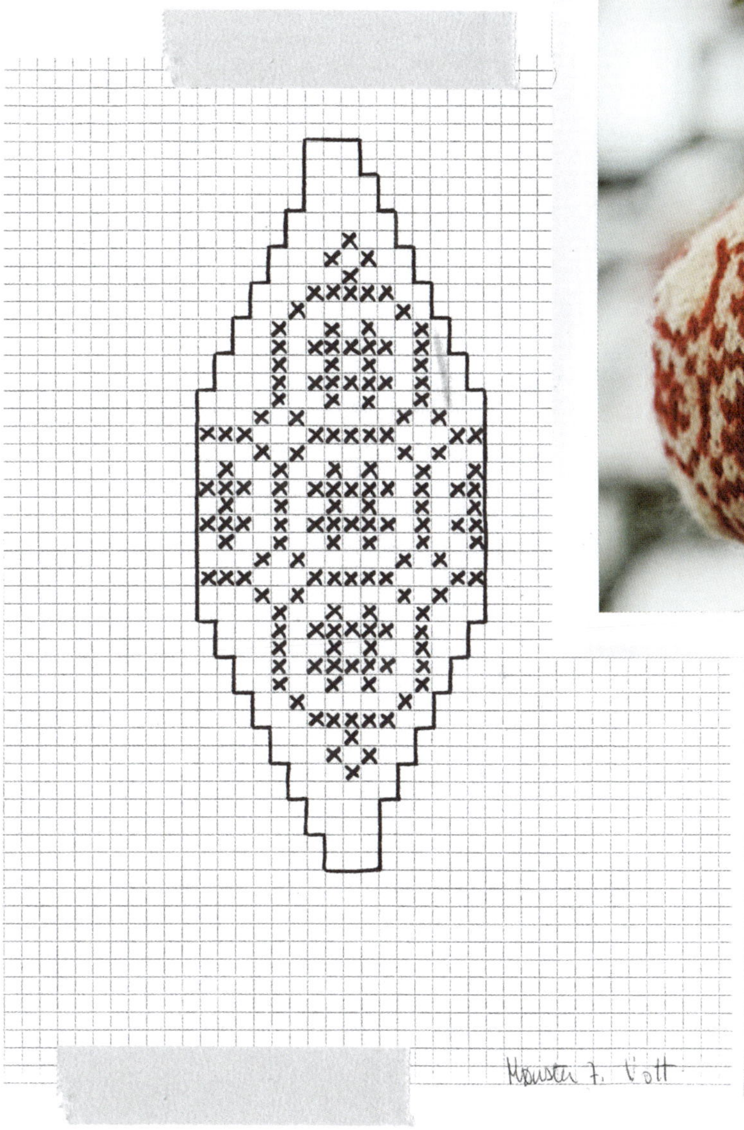

Ce motif est souvent tricoté sur les moufles, côté paume. Nous avons déniché ces croix dans une explication pour moufles d'enfant (n° 45) chez Husfliden.

BOULE 8

« DOVRE »

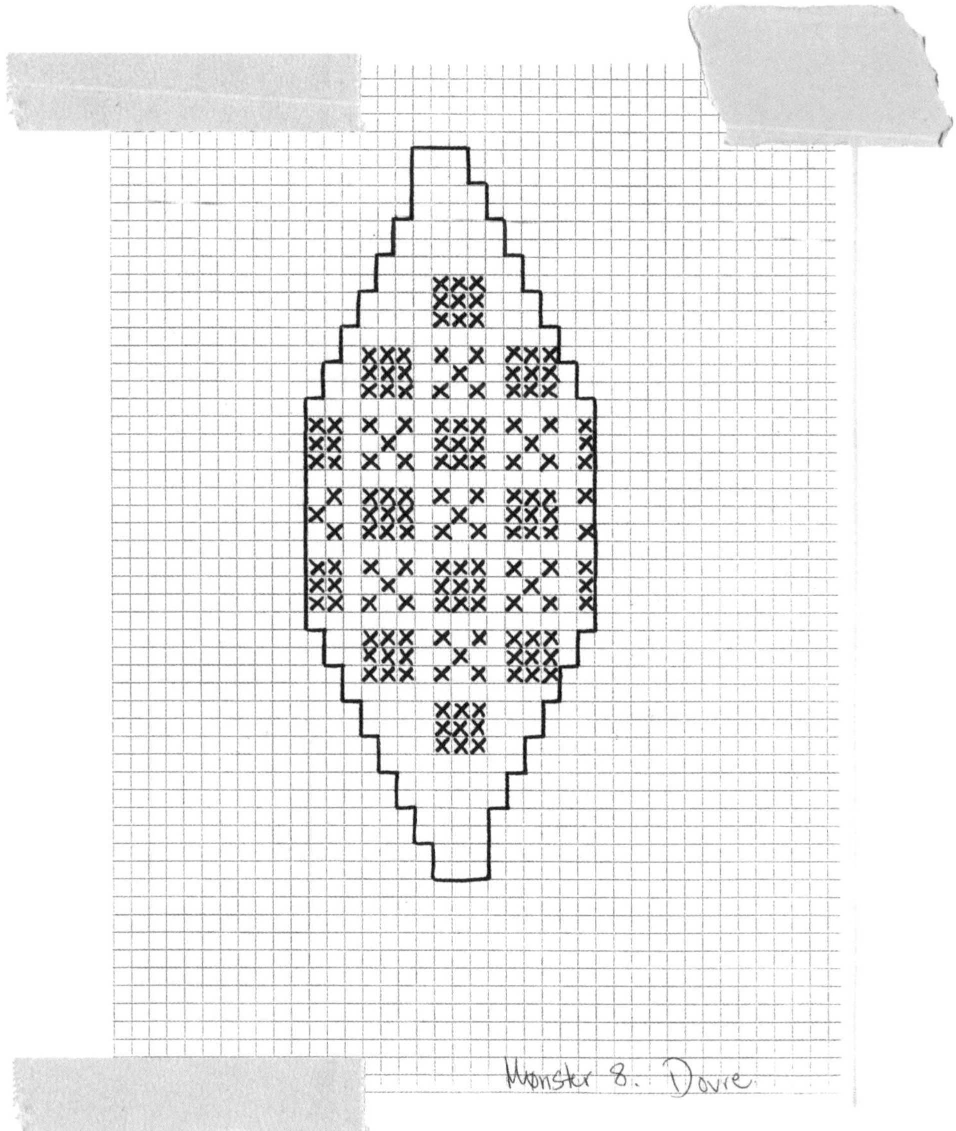

Ce motif se retrouve souvent sur une moufle d'enfant de Hallingdal, comme exemple d'un motif de tricot allemand et sur différents types de moufles fabriquées en Lettonie. Nous l'appelons Dovre parce que le grand-père d'Arne, originaire de la région de Dovre, portait une veste tricotée avec ce motif. Dans notre carrière de créateurs de tricots, nous l'avons très souvent utilisé. Il ressemble à un ancien motif pour boule de verre.

GOD

CHAPITRE 5

Une balade dans la bonne humeur

• • •

Nous vous proposons un peu de scrapbooking dédié à ceux qui vont passer les fêtes de fin d'année dans leur chalet. Qui remettent toujours le vieux chandail hérité d'un frère ou d'un oncle et partent faire du ski de fond avec les bâtons en bambou retrouvés dans la remise. Qui oublient de farter les skis et qui n'arrêtent pas de tomber en arrière.
Ils auraient mieux fait de rester chez eux et de tricoter !

Le renard court sur la glace
Le renard court sur la glace
On a le droit, on a le droit
De chanter une chanson pour les dames

Comptine ancienne

BOULE 9

« TRICOLORE »

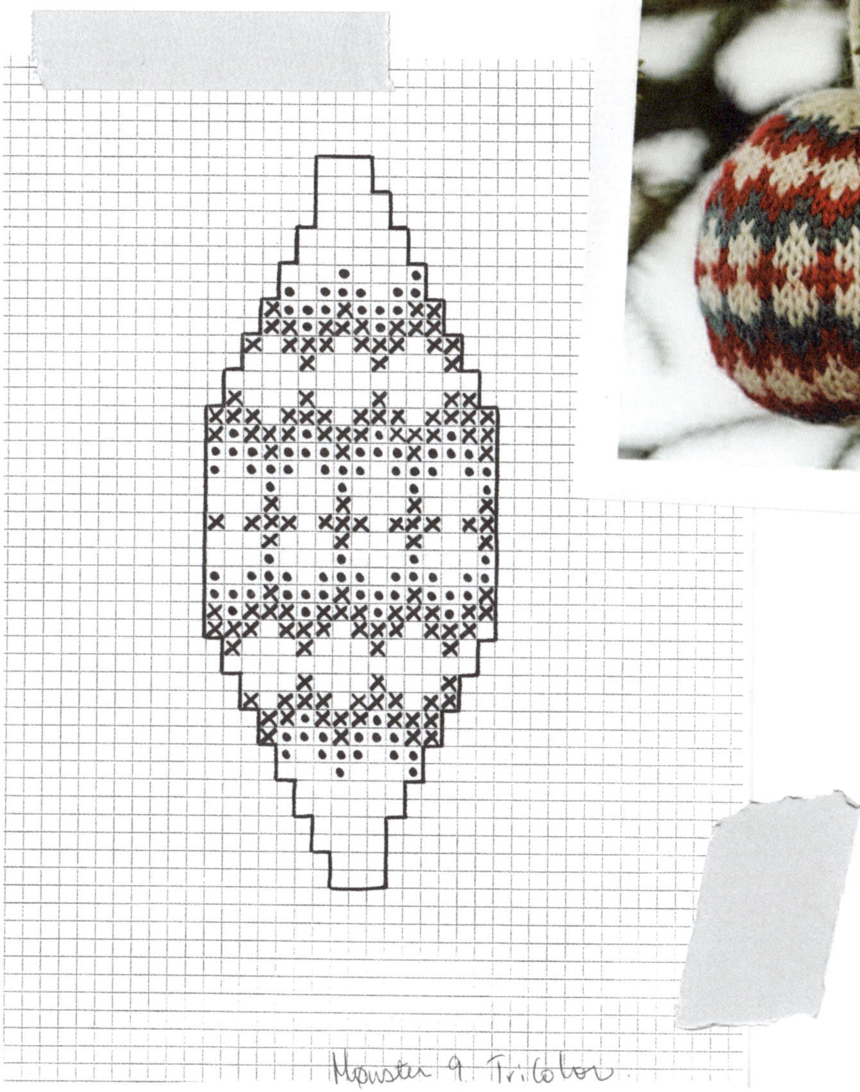

Le motif a été déniché chez les Esquimaux. L’explication n° 906 de Rauma était prévue pour un bonnet et des moufles dans une laine très douce (vamsegarn). C’est notre seule boule réalisée en 3 couleurs. De nombreuses combinaisons de couleurs sont possibles. Attention aux 3 fils sur le côté envers, ils s’emmêlent facilement.

BOULE 10

« SKIEUR »

«Nous, les enfants du Premier Norvégien, chaussons nos bottes de cuir gras, enfilons notre anorak à capuche, maillot de corps, sac à dos avec boîtes de fart et bouteilles de gin Golden Cock, prenons le train pour Tonsåsen (4 heures de trajet) où l'hiver, à notre grande satisfaction, reste bien présent entre les sapins noirs et n'est pas près de lâcher prise.»

Odd Børretzen : La triste vie et histoire du peuple norvégien

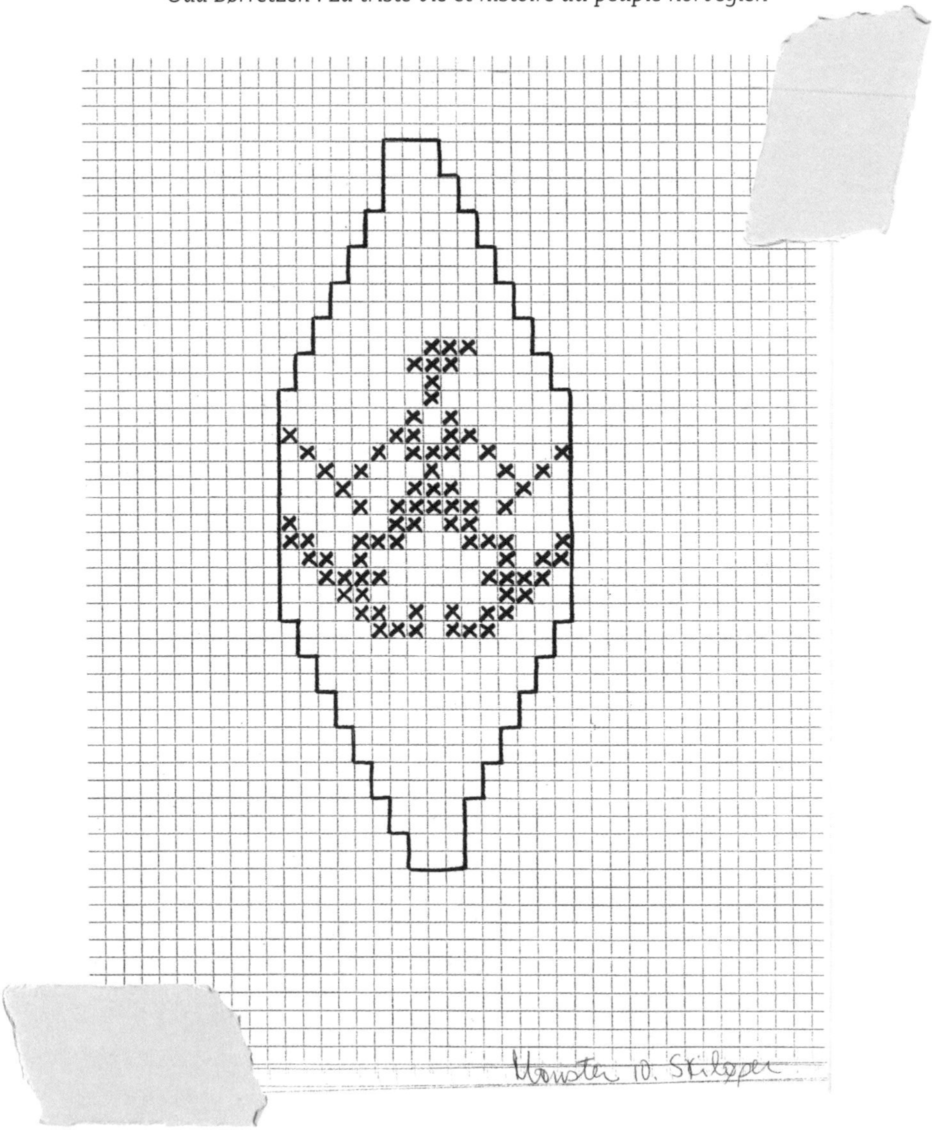

Nous, qui habitons Tonsåsen, profitons des vacances de Noël pour tracer une piste de ski de fond sur l'ancienne voie de chemin de fer. Nous avons trouvé ce charmant skieur figurant sur un ancien cardigan de femme de chez Husfliden. Un motif similaire existe sur les tricots traditionnels autrichiens. Ici, nous avons modifié légèrement le motif de skieur pour l'adapter à la forme ronde de la boule.

CHAPITRE 6

Tradition

Dans nos souvenirs d'enfance, l'hiver était glacial et les congères immenses... Nos oreilles, doigts et orteils étaient toujours gelés. Quel plaisir alors de rentrer dans une maison bien chauffée, de mettre une bûche dans la cheminée pour se réchauffer les pieds. Mais alors, gare à l'onglée!

Dans le domaine de l'artisanat, les traditions norvégiennes nous passionnent et depuis toujours sont présentent dans nos collections de mode. En général, dans le monde de la mode, le «dernier cri» est incontournable. Mais pour créer une nouveauté, il faut puiser dans les trésors anciens, les réinventer et les mettre au goût du jour. Ainsi, on ne fait pas que créer du «nouveau», mais on contribue à la conservation de notre héritage culturel.

BOULE 11

« ROSE À CROCHETS »

C'est une rose simplifiée très souvent utilisée en tricot : certains l'appellent la rose à crochets, d'autres, la rose à cœurs ou la rose de Selbu. Enfant bien-aimé a beaucoup de noms ! Cette rose, nous l'avons conçue à partir d'une moufle d'enfant fabriquée par la Vestlandske Husflidslag.

BOULE 12

« FRISE »

Nous avons trouvé cette frise dans les archives de Husfliden. Elle fait penser aux motifs figurant sur les pulls des Esquimaux.

CHAPITRE 7

Un pull de ski

Nous adorons les vêtements des années 50 ! Dans l'histoire de la mode, ce fut une période très inventive. Des tas de nouvelles coupes ont été créées. Aujourd'hui, la mode ne présente rien de vraiment original : les archives des années 50 sont un puits de trouvailles.

Les pulls de ski de cette époque sont tricotés avec des motifs géométriques, inspirés de l'héritage norvégien. Les photos ci-contre sont issues d'un ancien magazine de loisirs créatifs. L'échantillon de tricot est un morceau d'un vieux cardigan.

BOULE 13

« CHAUSSETTE DE NOËL »

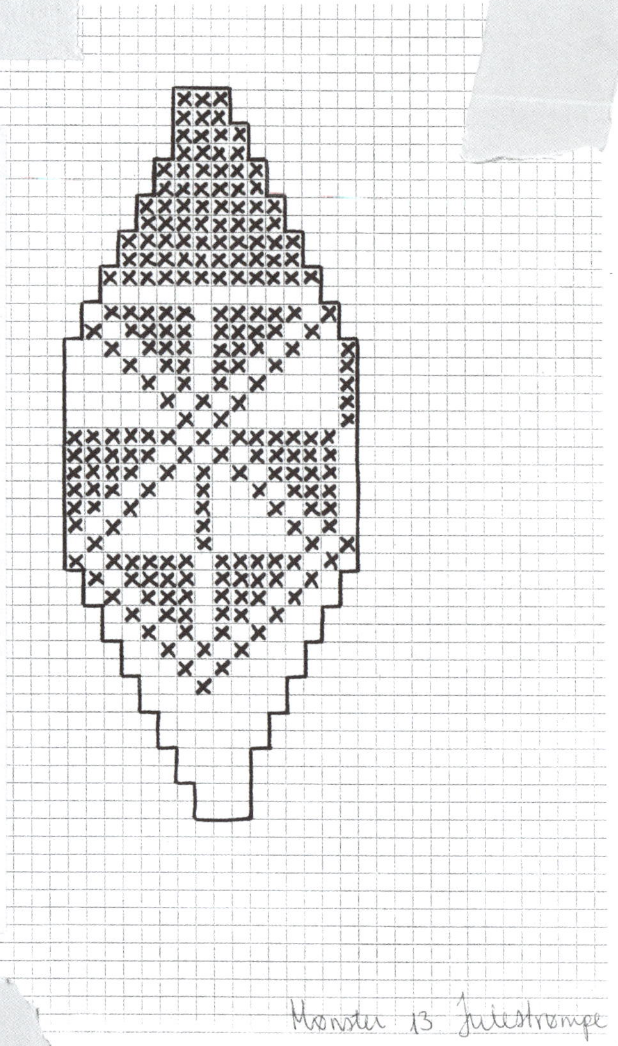

Ce motif était autrefois tricoté en Scandinavie et destiné aux chaussettes, mais on le trouve aussi en Lettonie pour des moufles. Nous ne connaissons pas son origine, mais il convient parfaitement pour une boule de Noël !

BOULE 14

« CROIX ET LOSANGE VERSION I »

Ce motif est typique des tricots du Setesdal. La croix est celle d'Andreas et le losange représente la roue de la vie - le soleil.

BOULE 15

« CROIX ET LOSANGE VERSION II »

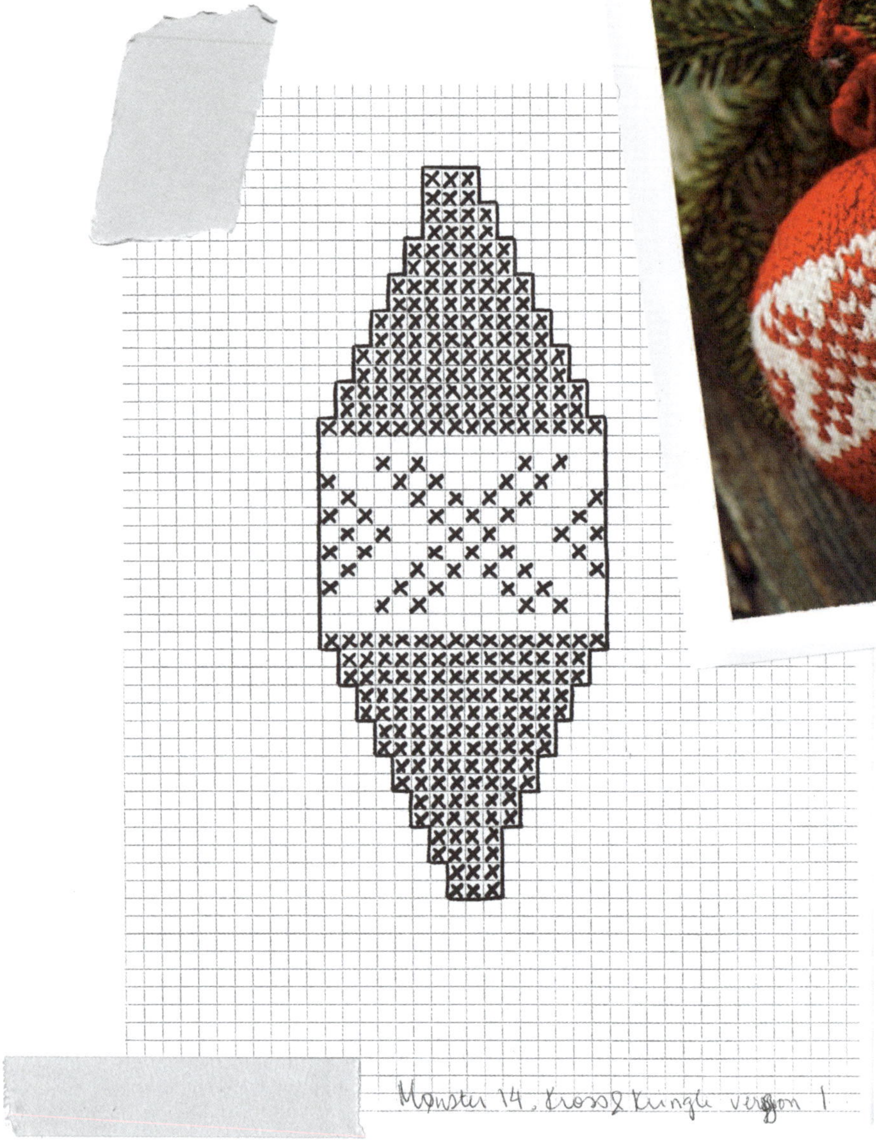

Voici une autre version du motif norvégien le plus répandu et reconnaissable entre tous. Il est plus facile à tricoter que le précédent car les extrémités sont unies.

BOULE 16

« HALLING »

Dans le livre d'Annichen Sibbern Bøhn sur les motifs de tricot norvégiens écrit en 1947, celui-ci s'appelle «Halling». Pour une boule de Noël, on a utilisé la moitié du motif. En 2007, nous avons créé un pull à manches chauve-souris tricoté main avec ce motif, en exclusivité pour la maison Norsk Flid.

Bonne Année

CHAPITRE 8

Un Noël vert

Nous collectionnons les pieds de sapin en métal pour pouvoir changer chaque année en fonction de la taille et de la forme du sapin. Ce grand support en fonte avec du houx et ses baies est l'un des plus beaux de la collection. Il nous a donné des idées pour créer des boules avec des motifs de plantes.

BOULE 17

« SELBU »

La moufle de Selbu est un grand classique. Son motif rappelle le houx, et nous l'avons transformé en boule. Dans un livre de tricot de 1948 édité par le magazine féminin «Kvinner og Klær», ce même motif a été utilisé pour un très beau cardigan de femme.

BOULE 18

« TRÈFLE »

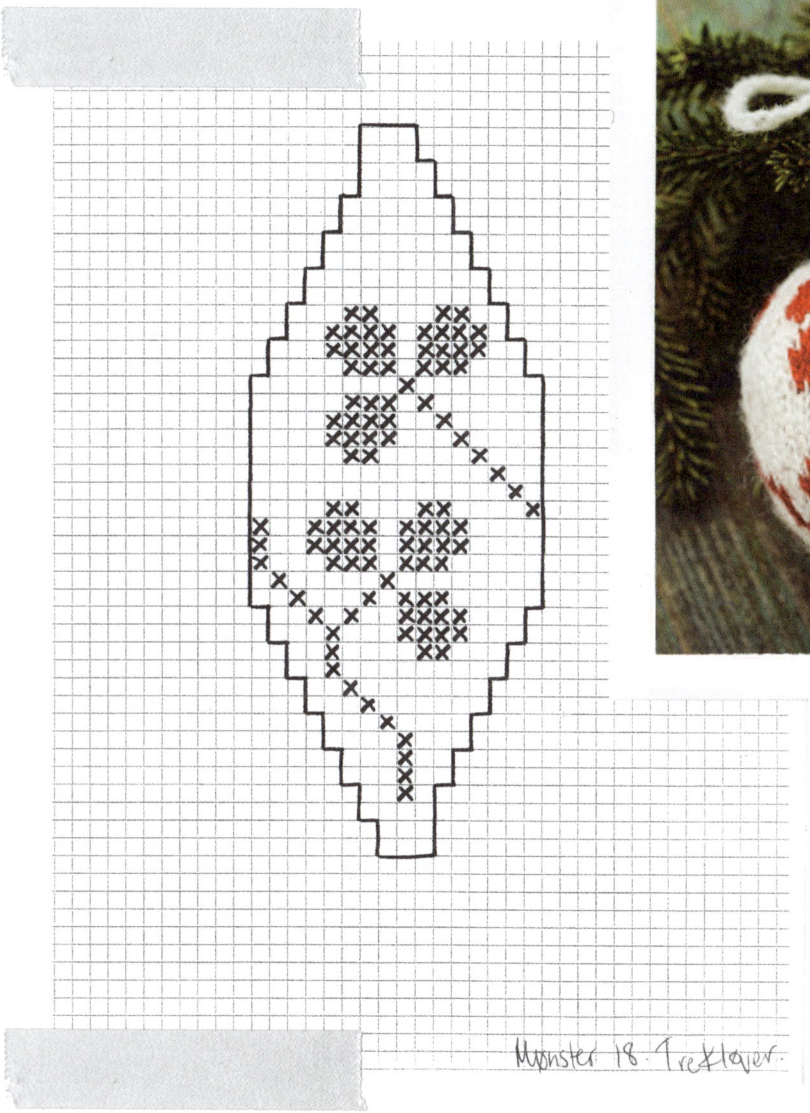

C'est un motif souvent utilisé pour le pouce d'une moufle.
On trouve le même motif en Lettonie.
En tricotant, il faut croiser les fils sur l'envers de l'ouvrage
pour éviter les sauts trop longs entre 2 mailles de même couleur.
Sinon le tricot sera trop serré.

BOULE 19

« ÉTOILE DE NOËL »

Dans la grande serre de l'École d'agriculture de Klones, on a découvert la plus grande étoile de Noël (poinsettia) qu'Arne n'avait jamais vue. Le but d'Arne, est de conserver les poinsettias pour les planter dans son jardin au printemps. Mais tout le monde sait que c'est une plante très exigeante : pas trop d'eau mais en quantité suffisante. Souvent, on a l'impression que le poinsettia se laisse aller après la période de Noël. Si vous arrivez à le conserver, vous serez récompensé par une nouvelle repousse au printemps. Le secret, paraît-il, est de le garder quelques jours dans l'obscurité : les feuilles rouges ressortiront.

Carlos n'avait jamais vu des étoiles de Noël aussi petites que celles qu'on achète en Norvège : en effet, il a grandi au Brésil sous une haie de poinsettias.

Si vous devez offrir un cheval à bascule en cadeau de Noël, il peut s'avérer être difficile d'en faire un paquet cadeau sympathique, avec du papier classique. Ce très beau cheval a été décoré avec des branches de sapin et une boule «Cheval à bascule» (page 83) autour du cou. Devant le sapin de Noël, quoi de plus beau ?

Gott Nytt År

CHAPITRE 9

L'avant-veille de Noël

C'est le jour où la maison doit être propre et bichonnée, les gâteaux préparés, les cadeaux empaquetés, le sapin prêt à être décoré. Mais malgré tout ce que vous avez à faire, peut-être trouverez-vous le temps de tricoter encore une ou deux boules avant la fin de la journée ?

BOULE 20

« LA LUGE »

Heureux celui qui peut aller chercher son sapin en forêt l'avant-veille de Noël et le ramener chez lui sur sa luge. Moins heureux le petit enfant qui doit maintenant marcher à côté de la luge pour rentrer.

Nous avons trouvé ce motif de luge dans l'explication d'un pull pour enfant de Husfliden (n° 147). Cette boule sera très belle si vous collez des cristaux incolores sur les flocons de neige qui tombent. Une broderie avec du fil argent peut également être du plus bel effet.

BOULE 21

« POMME DE PIN »

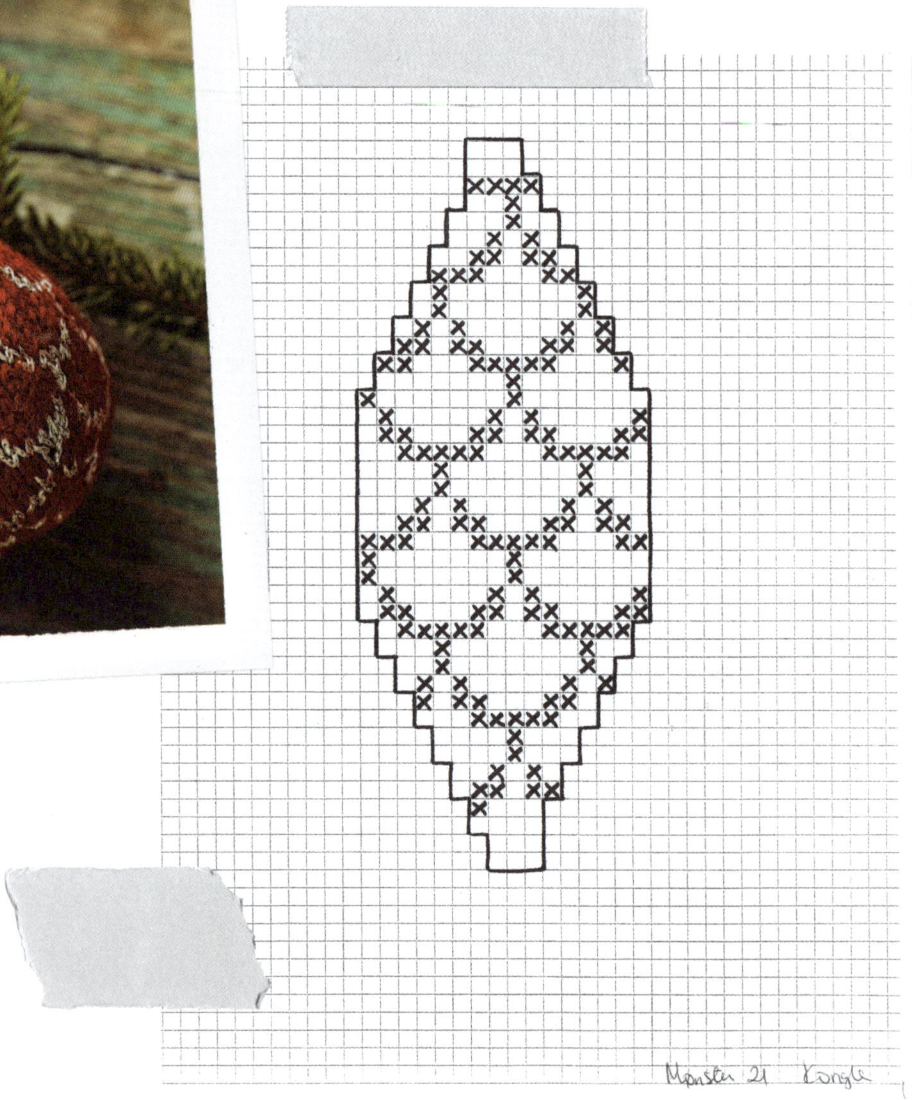

Nous avons créé ce motif, d'après les pommes de pin en verre trouvées chez nos parents. Cette boule peut être réalisée dans différentes combinaisons de couleurs, elle sera toujours aussi jolie : rouge/or, blanc/argent, noir/blanc. C'est un motif très facile à tricoter !

BOULE 22

« SAPIN DE NOËL »

Voilà un motif de notre création. Vous pouvez la tricoter en vert et blanc, ou la broder avec du fil or ou argent et coller des cristaux pour simuler des bougies. N'oubliez pas de croiser les fils sur l'envers de l'ouvrage en haut du sapin, car ici, les sauts entre 2 mailles de même couleur sont importants. Souvenez-vous : 6 mailles maximum !

BOULE 23

« DÉCORATION DU SAPIN »

Chez nous, nous décorons le sapin le 23 décembre. Ce motif, qui ne manque pas de charme, est issu d'une moufle de Husfliden. Au départ, ce n'était pas un motif de Noël, mais il nous fait penser à 2 personnages qui tiennent une guirlande.

Avec nos boules tricotées,
tous les sapins deviennent beaux !

CHAPITRE 10

La veille de Noël

Le jour est venu où il faut abandonner le tricot au profit d'autres activités. Mais selon un vieil adage scandinave «Noël dure jusqu'à Pâques», vous aurez alors tout le temps de terminer les boules après les fêtes. Les poupées russes anciennes fêtent Noël sous le sapin, elles sont à l'origine de l'idée du motif pour la boule n° 26, «Danse autour du sapin».

BOULE 24

« CLOCHE DE NOËL »

Quand nous étions petits, la veille de Noël nous écoutions toujours les cloches de l'église qui sonnaient à cinq heures marquant ainsi le début des fêtes. Nous étions dehors sur le pas de la porte et il faisait nuit noire. Le père Noël n'était pas loin !

Bientôt nous entendrons
le message porté par les cloches
annonçant le début des fêtes.
Un son clair
un prélude à Noël
pour le cœur et l'esprit.

« À *l'approche de Noël* » de Margrethe Munthe

Utilisez les boules tricotées pour décorer vos cadeaux de Noël. Attachez un ruban de soie sur une boule - le succès est garanti ! En plus, cela fait deux cadeaux à offrir.

BOULE 25

« ÉTOILE FILANTE »

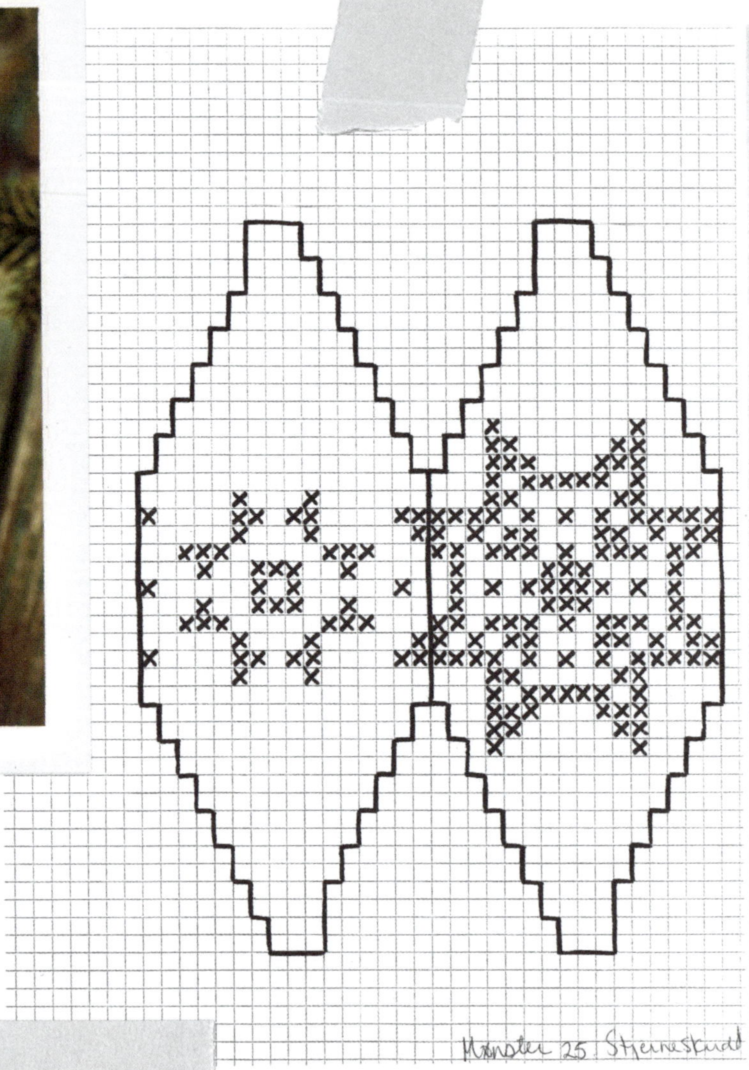

Ce motif est une variante de celui de l'étoile à huit branches. Selon nous, elle ressemble à une étoile filante, d'où son nom.

Tire le banc vers la fenêtre, on va s'asseoir
pour essayer, dans le ciel, de voir le chemin de l'étoile de Noël.
C'est la plus brillante de toutes, elle est grande et belle
- on peut la voir au-dessus de la maison de Matja, la sage-femme.

« *Chanson de Noël*» de Alf Prøysen

BOULE 26

« DANSE AUTOUR DU SAPIN »

Ce motif fait penser à une ronde autour du sapin, son nom était donc tout trouvé. Cette boule nous a donné l'idée des boules de Noël au tricot, c'est pourquoi elle occupe une place particulière dans ce livre.

Un sapin de Noël paraît gigantesque aux yeux du petit enfant. Dans les fêtes de famille où l'on était très nombreux, il fallait faire plusieurs rondes pour que tout le monde puisse y participer. Une ronde tournait à gauche, la suivante à droite et ainsi de suite. De quoi avoir le tournis… Chez nous, le sapin était souvent placé dans un angle, par manque de place, et la cime était fixée au plafond pour éviter qu'il ne tombe. Le côté le plus épars était tourné vers le mur, bien sûr. On se tenait les mains en se balançant et en chantant « Mon beau sapin »…

Noël est une période magique pour les enfants. Ici, la chambre d'enfant de notre maison de poupée est décorée pour Noël.

BOULE 27

« LE CHEVAL À BASCULE »

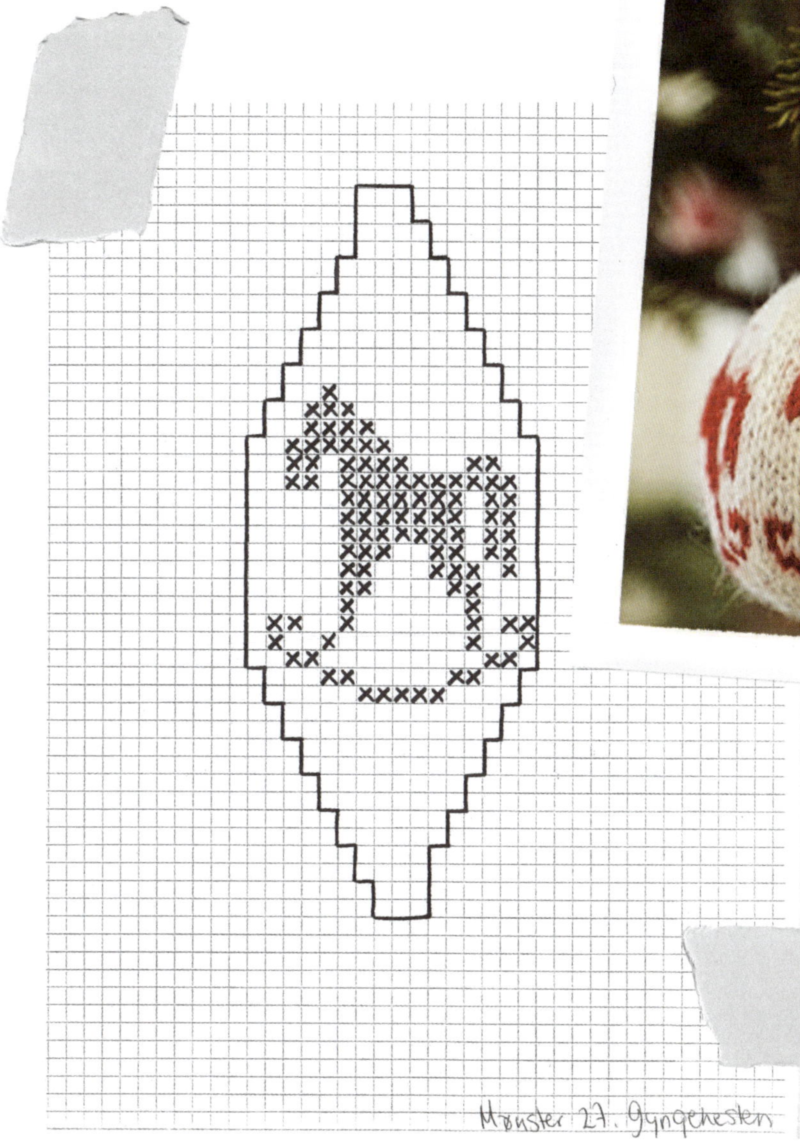

Petits, nous mettions des lettres au père Noël dans le jardin avec la liste des cadeaux que nous souhaitions recevoir. Le père Noël a peut-être reçu la liste certaines années, mais la plupart du temps, elle était emportée par le vent. Le cheval à bascule, cadeau classique, atterrit souvent sous le sapin avant que l'enfant sache écrire « cheval ». Selon nous, le cheval à bascule symbolise le bonheur et la réussite.

CHAPITRE 11

Friandises de Noël

Autrefois, les friandises,
c'était seulement pour Noël.
Aujourd'hui, recevoir une orange
pour Noël, semble désuet.
Notre boîte de sucres d'orge
est presque vide, et Noël
n'est pas fini…

BOULE 28

« SUCRE D'ORGE »

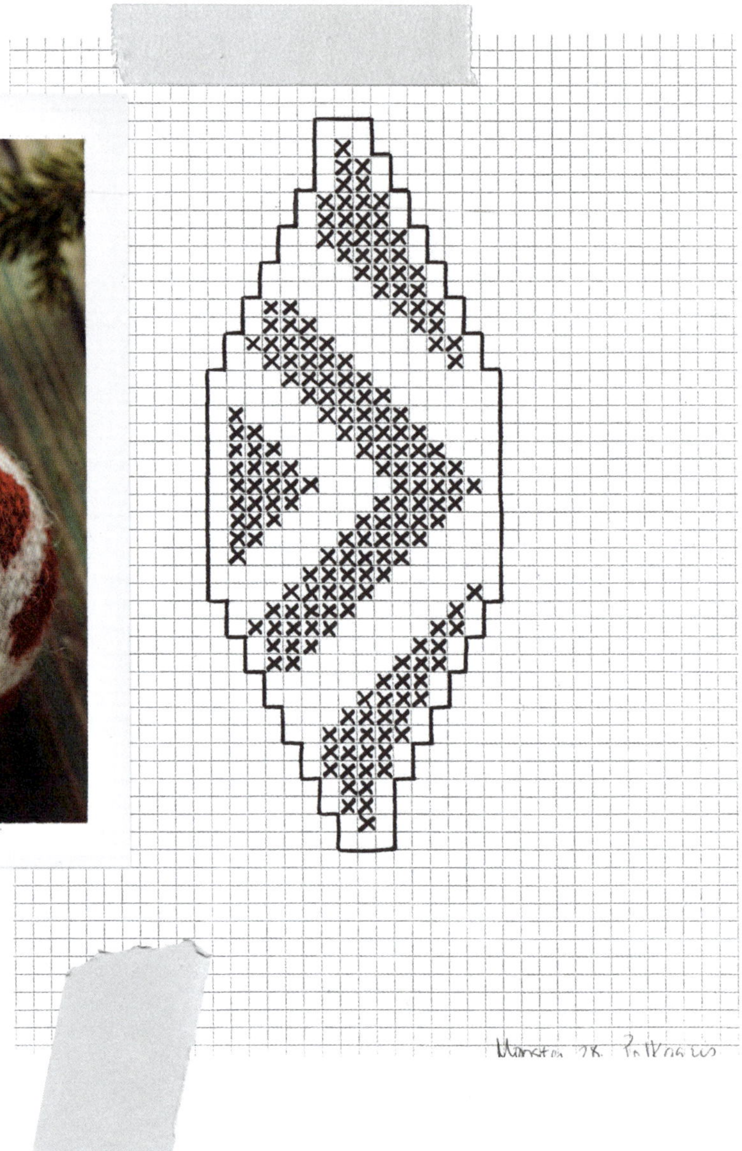

Les boules de verre anciennes, aux combinaisons de couleurs multiples, nous ont inspiré pour ce motif. Nous avons tricoté cette boule en rouge et blanc, comme un vrai sucre d'orge. Adaptez les couleurs au gré de vos envies et de votre style. En réalisant cette boule, veillez à ne pas tricoter trop serré. Le motif étant répétitif, il faut éviter de tirer sur le fil. Si le l'orifice du bas est trop petit, le rembourrage sera difficile.

Friandises de Noël ne signifie pas seulement sucreries. À Noël, nous savourons de délicieux plats traditionnels. **Astuce :** pour votre table de fête, sortez vos plus beaux couverts et assiettes. Décorez chaque assiette d'une boule tricotée que vos convives pourront conserver. C'est un très beau souvenir d'un repas de fête !

BOULE 29

« CŒUR TRESSÉ »

Les boules peuvent aussi être destinées à de petites bourses à sucrerie, puis accrochées au sapin une fois remplies de friandises.

Souvenir de Noël de grand-mère « Je me souviens qu'une fois, juste avant Noël, je devais aller acheter du pétrole pour les lampes. Dans la boutique, il y avait beaucoup de jeunes qui achetaient des pommes et des oranges. J'ai posé le bidon vide sur le comptoir, et j'avais tellement envie d'un fruit que j'ai demandé : deux oranges, s'il vous plaît.
- Comment voulez-vous que je les mette dans ce truc-là, demanda l'homme derrière le comptoir en riant.
J'ai été très honteuse, je me souviens.
Vite, je me suis reprise et dit ce que je voulais : du pétrole pour les lampes.
Quand ma grand-mère revenait de Follebu, elle apportait toujours des friandises pour les enfants : des oranges, des pommes et des bonbons. Le soir de Noël, on mangeait tout ce que grand-mère nous avait offert. Certaines années, on avait aussi des vêtements. Mais nos familles n'avaient pas beaucoup d'argent, alors les cadeaux étaient rares et précieux. Mon père lisait l'évangile de Noël et il ne fallait pas bouger pendant cette lecture. On ne possédait ni radio ni télévision, alors on s'occupait comme on pouvait. On dansait autour du sapin en faisant un chahut de tous les diables ».

Magnhild Skatrud – la grand-mère d'Arne

Choisissez une belle boîte et garnissez-la de boules de Noël tricotées. Voilà un cadeau personnalisé ! Notre boîte vient de la célèbre pâtisserie Sacher à Vienne. Elle peut contenir neuf boules.

CHAPITRE 12

Cœur

Les cœurs sont présents un peu partout durant la période de Noël, que ce soit dans le domaine du tissage ou du tricot. Les navettes d'autrefois étaient décorées de cœurs, peut-être pour transmettre un message à un(e) prétendant(e) ? Notre collection de navettes anciennes nous a inspiré pour quatre boules à motif « cœur ».

BOULE 30

« CŒUR »

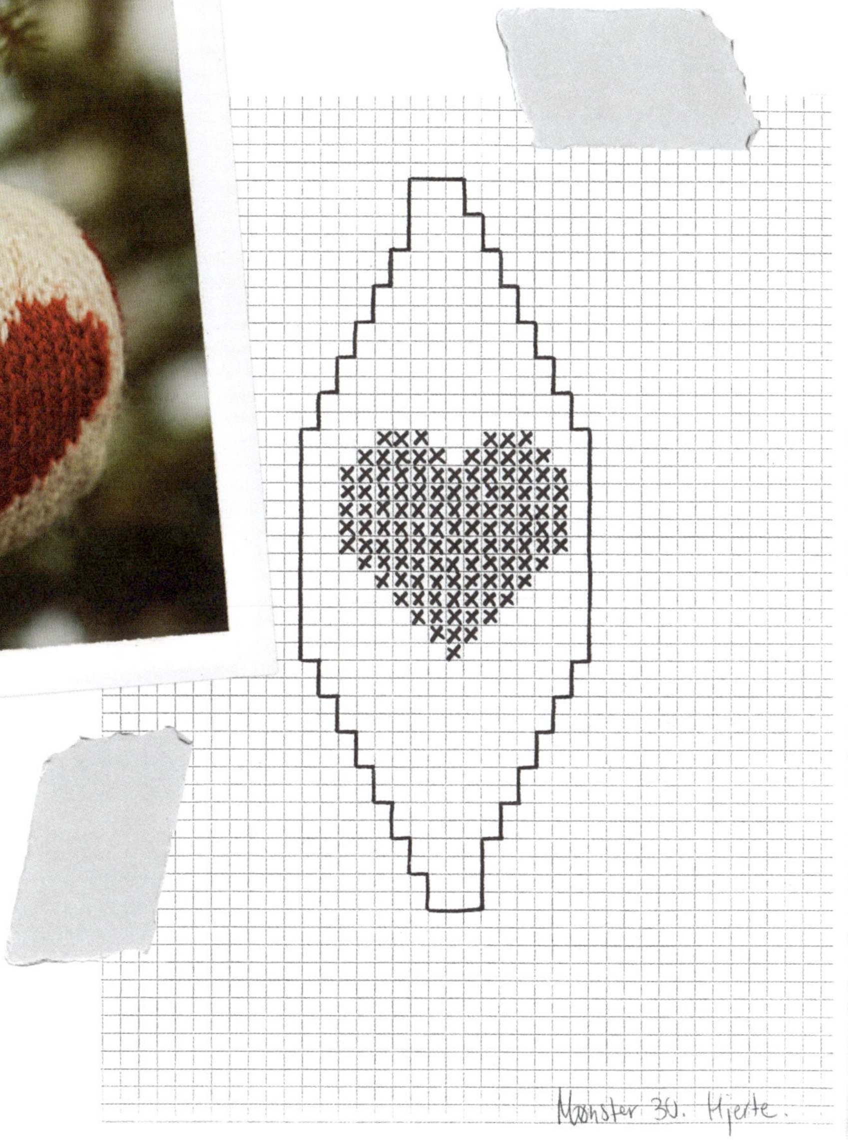

Un simple cœur au tricot sera très joli avec 16 cristaux disposés un peu au hasard.

BOULE 31

« ENSEMBLE DE CŒURS »

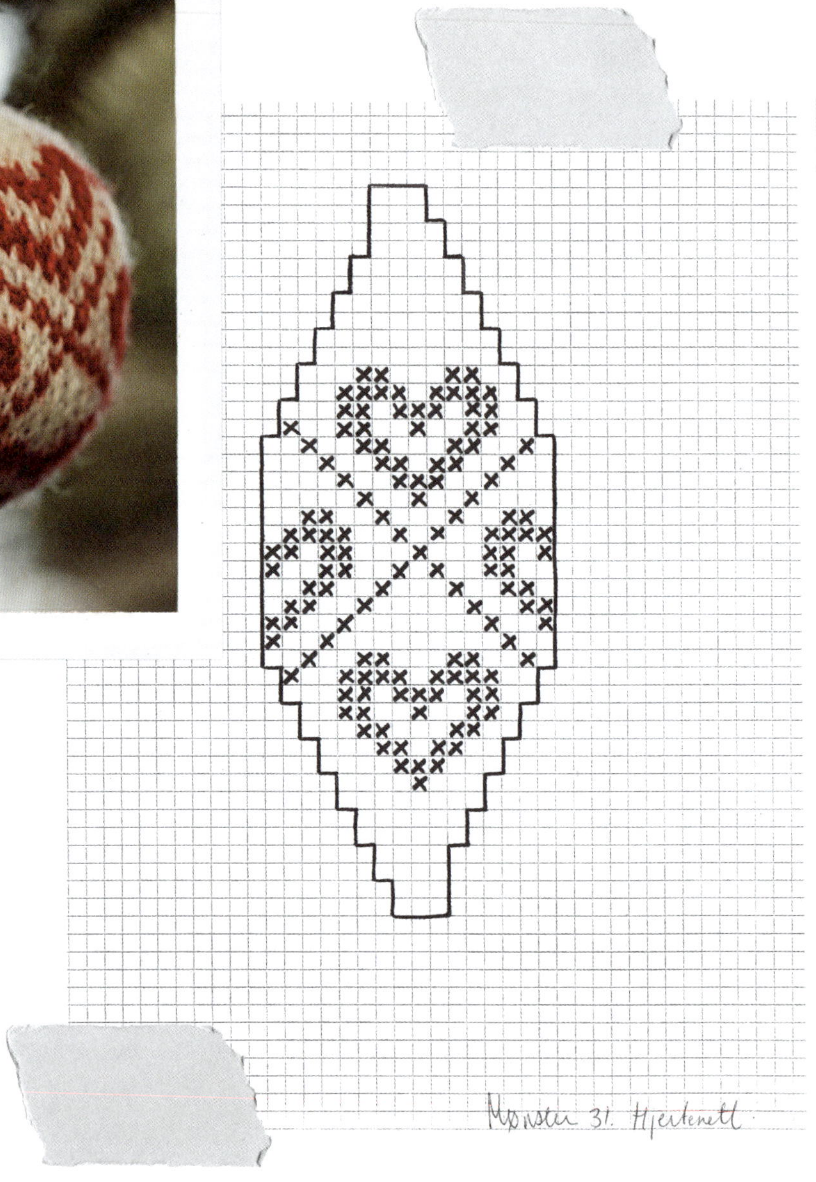

Nous nous sommes inspirés de cet ensemble de cœurs, issus d'un motif islandais. Ils sont aussi serrés sur cette boule que des pommes sur un sapin !

BOULE 32

« MAISON DU CŒUR»

Quatre cœurs assemblés forment un joli motif.
Le proverbe dit : Maison du cœur, maison du bonheur.

BOULE 33

« RENCONTRE DE DEUX CŒURS »

Le motif de cette boule fait penser à une boucle de ceinture comportant deux cœurs qui se rencontrent. Comme quoi, l'imagination n'a pas de limite !

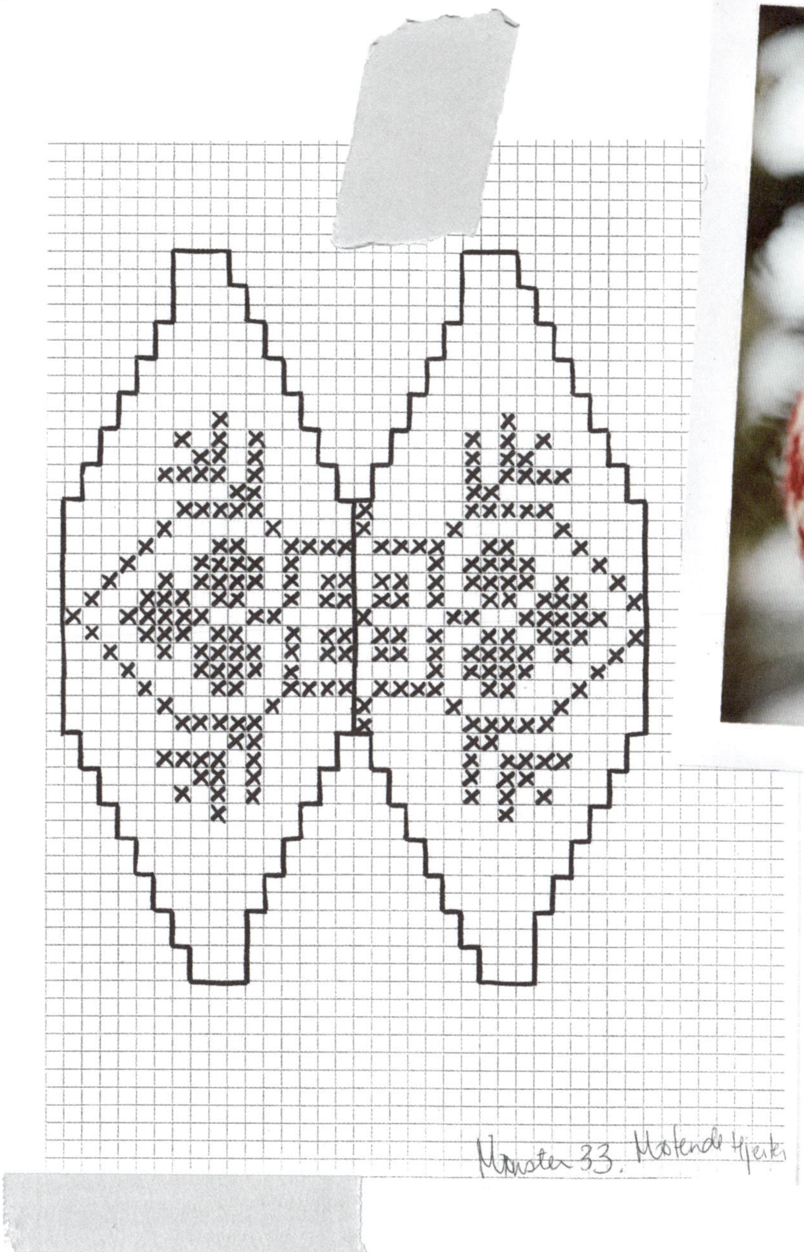

Astuce : Confectionnez une couronne de Noël que vous accrocherez à la porte d'entrée et décorez-là de boules tricotées. Ici, la couronne est réalisée avec des branchages de bouleau pliés en forme de cœur. Elle surprendra vos invités. Rembourrez les boules avec de la laine cardée, elles conserveront leur forme initiale tant à l'extérieur qu'à l'intérieur.

CHAPITRE 13

Chœur d'anges

Couché dans sa crèche,
de la paille sous la tête
il pleurait sur son pauvre lit,
mais les anges chantaient
sur les terres désertes
de Bethléem.

« *Soir de Noël* » de Jacob Sande

BOULE 34

« ANGE »

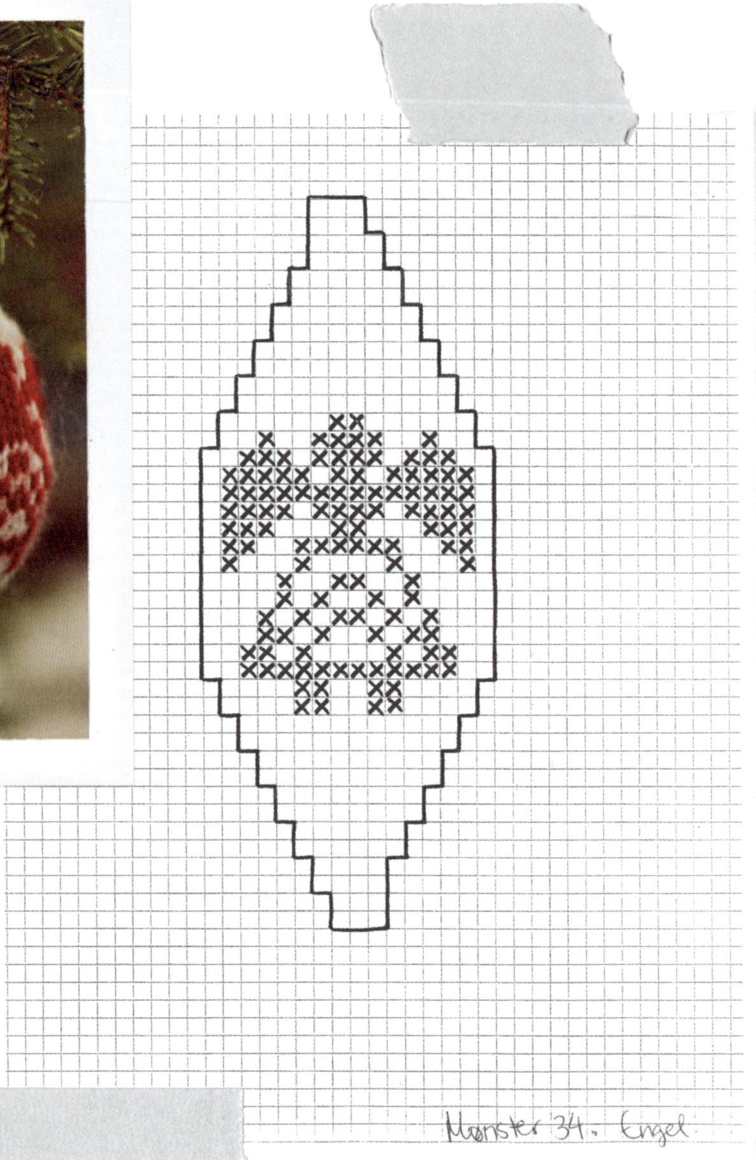

Dans un album de cartes postales anciennes acheté au Marché aux puces à Paris, nous en avons trouvé une avec deux anges musiciens. Ils ressemblent à deux anges de Noël que nous avions rangés dans une boîte. Ils ne sont plus tout jeunes et ne peuvent plus servir pour décorer le sapin. Leurs robes sont un peu déchirées et leurs visages ridés. Nous les aimions beaucoup, mais malheureusement, la boîte a disparu et nous la cherchons toujours. Le motif ange sur cette boule nous rappelle ces doux souvenirs !

BOULE 35

« HARPE »

Le motif figurant sur cette boule a été créé en s'inspirant des beaux instruments de musique miniatures achetés au Victoria & Albert Museum de Londres. Ce sont des copies de décorations de Noël victoriennes dont les originaux se trouvent dans ce musée. Nous possédons une harpe, un violon et une mandoline que nous accrochons au sapin chaque année. Le motif semble facile à tricoter, mais attention aux fils trop longs sur le côté envers de l'ouvrage !

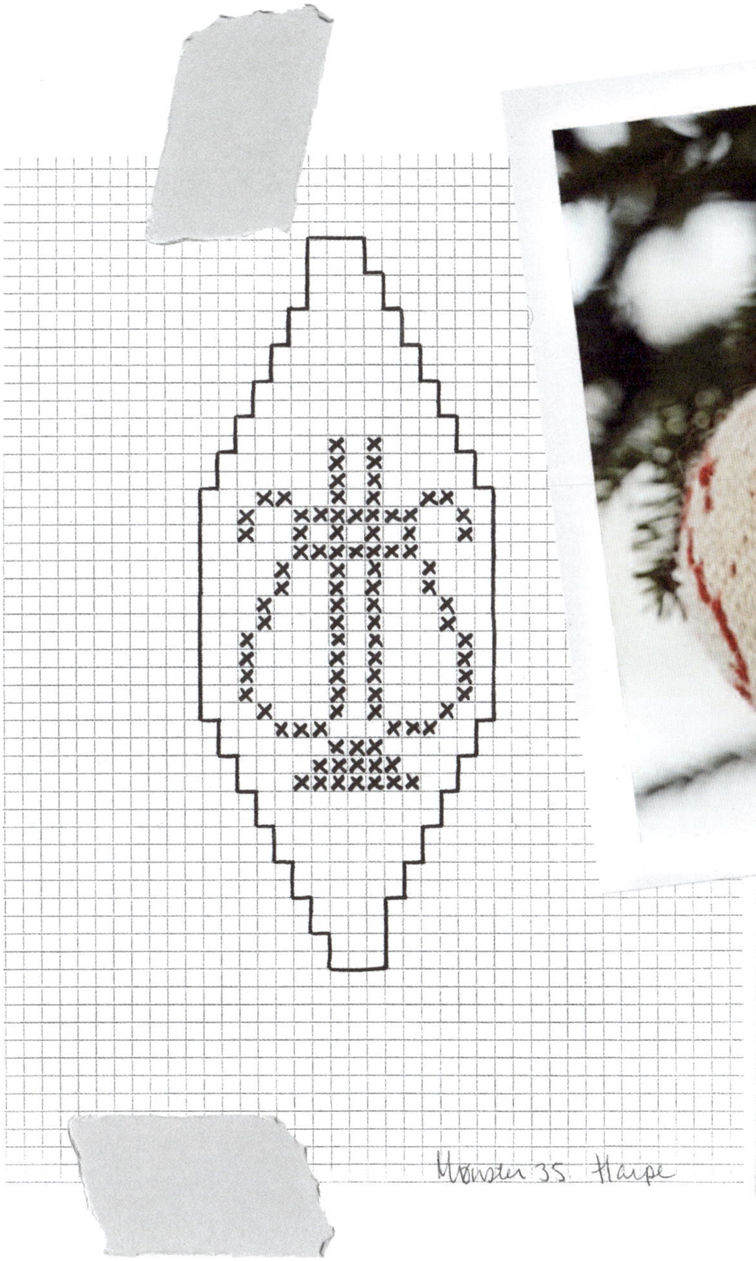

CHAPITRE 14

Motifs religieux

Nous fêtons Noël pour célébrer la naissance du Christ. C'est pourquoi il nous semble normal d'utiliser des symboles religieux pour certaines de nos créations. Nous avons choisi des motifs à signification religieuse universelle.

BOULE 36

« COURONNE »

La couronne est un motif de décoration très à la mode au moment de Noël, partout dans le monde. Elle a été trouvée sur des tricots de Selbu, mais aussi en Espagne. Elle nous rappelle qu'un roi est né. Dans l'art en général, la Vierge Marie est souvent représentée portant une couronne. Des cristaux ou de la broderie embelliraient votre boule tricotée.

« LE LYS »

Le lys symbolise l’annonce faite à Marie et la Sainte Trinité.
C’est un motif souvent utilisé pour les tissus d’ameublement.
Et voici notre version, en boule au tricot.

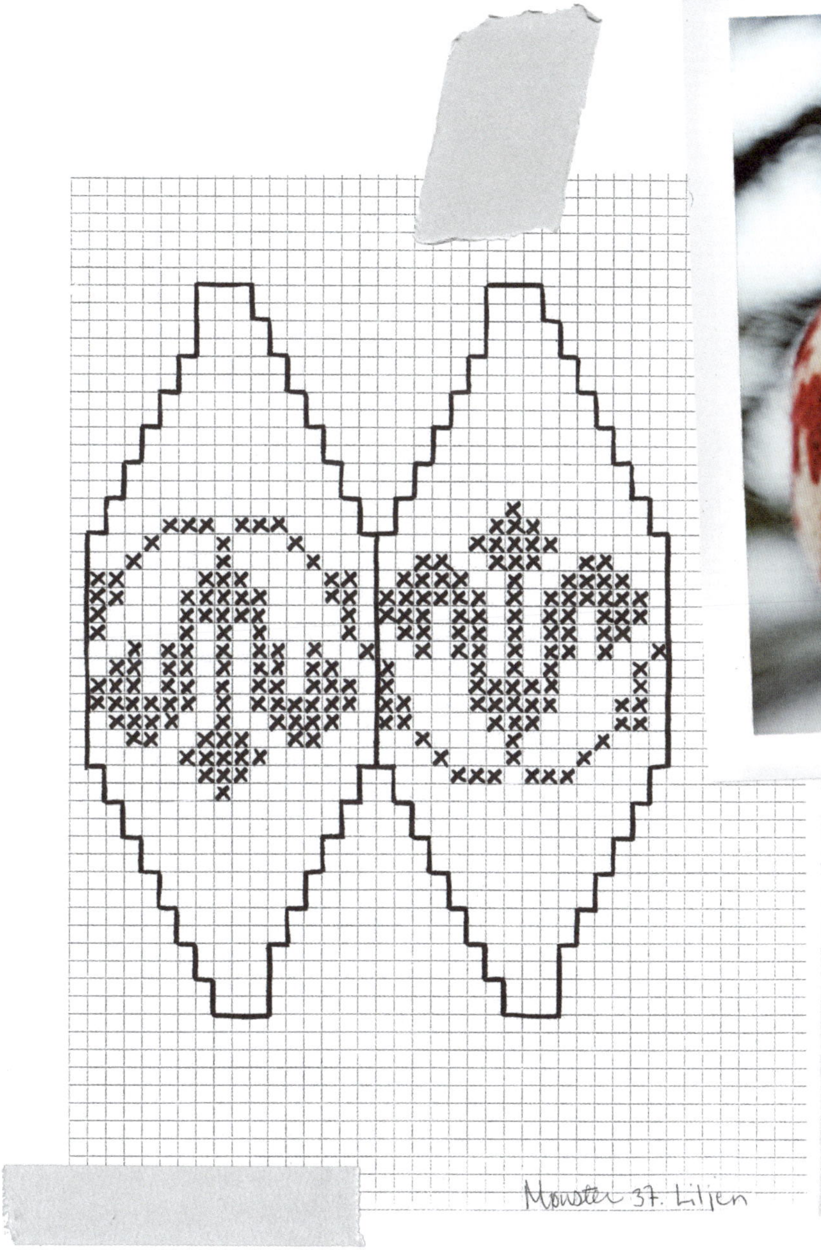

BOULE 38

« PAPILLON »

Le papillon est très présent dans les décorations de Noël. Il symbolise la résurrection. Ce motif peut être embelli avec des cristaux collés ou de la broderie par exemple. N'hésitez pas à utiliser vos restes de laine de toutes les couleurs. Au royaume des papillons, tout est possible.

BOULE 39

« ANCRE »

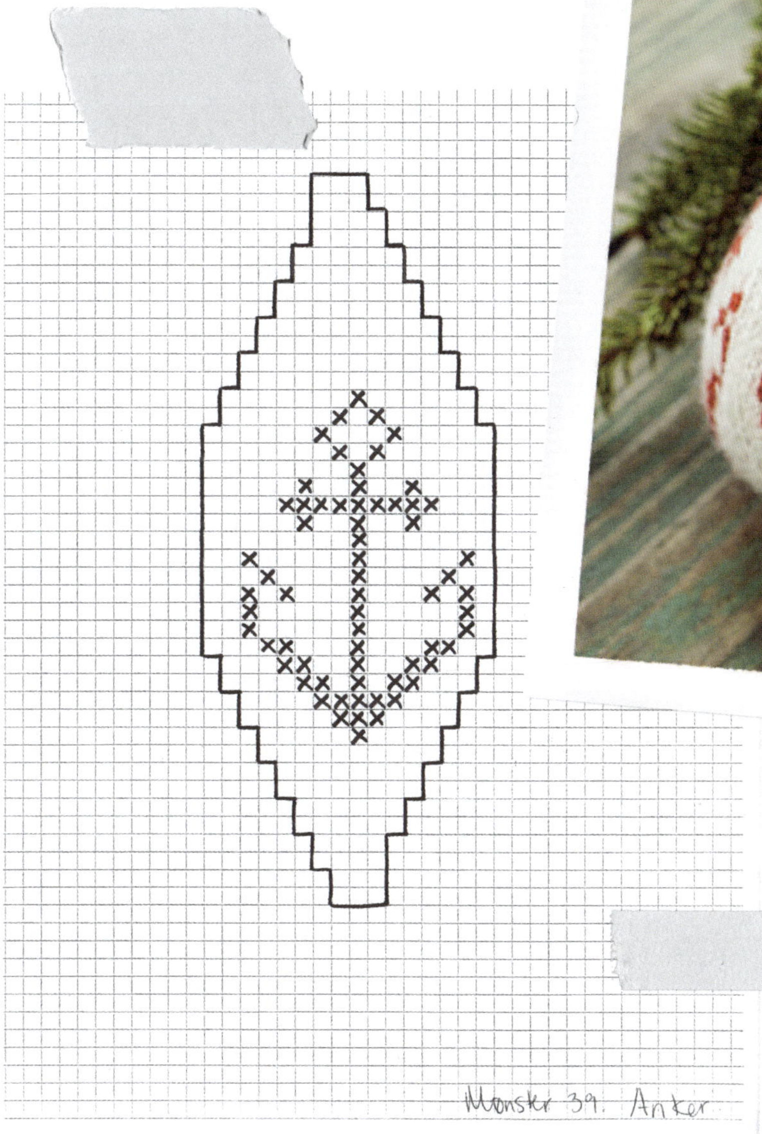

Nous avons déniché cette ancre marine dans un ancien magazine de tricot publié par le journal Norsk Ukeblad, intutilé « Le livre du cardigan ». Nous l'avons adaptée à la taille d'une boule. Mais il est préférable de broder le motif sur la boule unie, afin d'éviter de tirer le fil lors du tricotage.

BOULE 40

« CROIX GRECQUE »

Un soir tard, à Athènes, alors que nous cherchions un endroit pour dîner, nous sommes passés devant une petite église dont les portes étaient ouvertes. Nous sommes entrés dans un monde de chants, de couleurs et de lumières, si présents dans les pays du sud. C'est cette ambiance que nous voulons recréer chez nous pour Noël. Pour ce faire, nous sortons nos vieux 33 tours en vinyle avec des chants de Noël, des bougies et des santons. Quand l'odeur des plats mijotés et de l'encens se répand dans la maison, nous sommes heureux. Cette boule, on l'appelle la croix grecque, car elle nous fait penser à ce moment magique que nous avons vécu à Athènes.

BOULE 41

« CŒUR AVEC COURONNE »

Cette boule a été dessinée selon un motif issu du livre intitulé « *Fils invisibles dans l'art du tricot* » de Annemor Sundbø. Rebrodée au point de maille avec du fil or ou argent, elle sera encore plus belle. Une couronne d'argent et un cœur d'or… Choisissez quelques mailles et brodez au gré de vos envies.

God Jul

CHAPITRE 15

Animaux

Le soir de Noël, les animaux se mettaient à parler, disait-on autrefois. Personne n'en avait la preuve, mais pour ne pas se faire dénoncer pour mauvais traitements, les animaux étaient particulièrement chouchoutés ce soir-là.

Des boules de Noël pour les oiseaux ! Il faut bien qu'ils en profitent, eux aussi. Dans les arbres, des petits sachets de nourriture, des beignets, ... sont suspendus. aux branches par de beaux rubans.

BOULE 42

« OISEAU SUR LA BRANCHE »

Et s'ils oubliaient
Ceux qui, dehors par tous les temps
Dans la neige et le vent froid
Doivent trouver à se nourrir.

« *Les petits oiseaux*» de Marie Hamsun

BOULE 43

« COCHON DE NOËL »

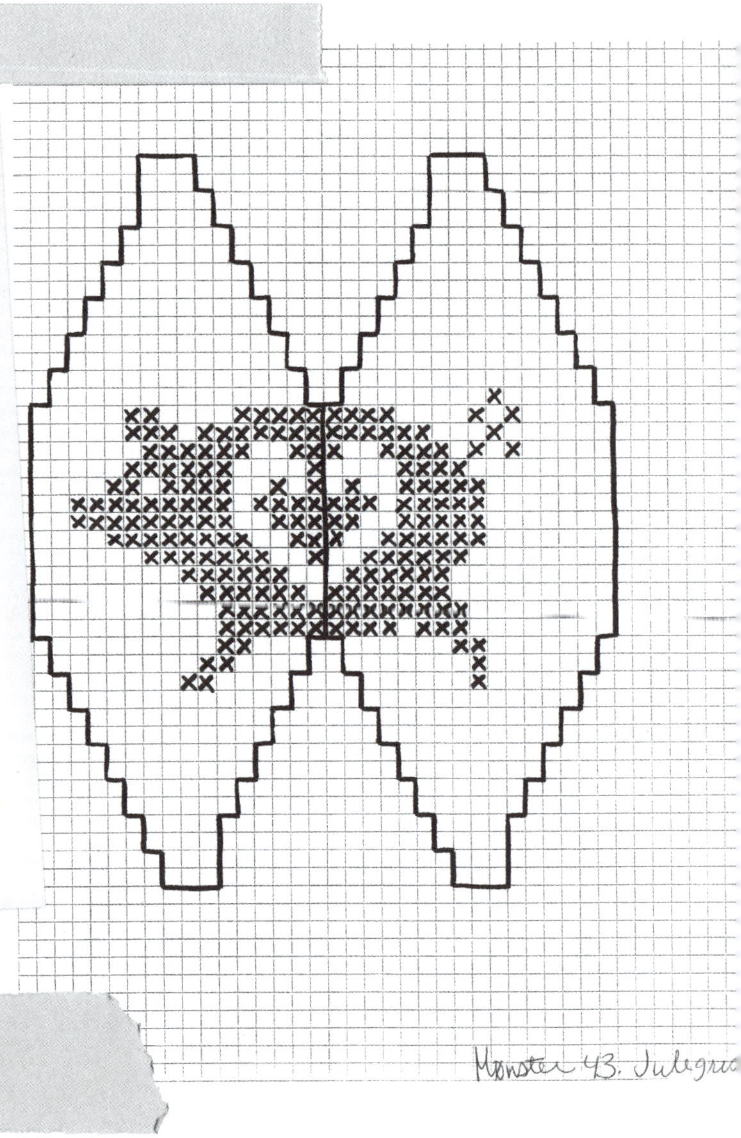

La nuit d'hiver est froide. Des étincelles
tombent des étoiles dans le ciel.
Une ferme isolée.
Tout le monde dort.
La lune suit son chemin ;
les champs et les prés sont blancs.
Seul veille un lutin

« *Le lutin* » de Viktor Rydberg

Le cochon et la lune

Le cochon de Noël avait la belle vie, il vivait dans un panier dans la cheminée et on le nourrissait à la cuillère. Pendant une longue période, il était engraissé jusqu'à ce qu'il soit trop gros pour y rester, alors il reprenait le chemin de la porcherie et retrouvait ses congénères. À l'approche de Noël, il n'était en sécurité que lorsque la lune était descendante. Tout le monde savait qu'on ne devait pas tuer le cochon à ce moment-là, car la viande réduirait à la cuisson. Il fallait donc bien suivre son calendrier pour ne pas se tromper. Si on ne tuait pas le cochon soi-même, on avait intérêt à retenir son boucher à l'avance, il était très pris en période de lune montante.

Nous avons réalisé cette maison de poupée spécialement en l'honneur du cochon de Noël.

BOULE 44

« BOUVREUIL PIVOINE »

Ce ne sont pas seulement les êtres humains qui mangent trop à Noël. Après avoir englouti une quantité de nourriture impressionnante, les bouvreuils ne décollent que difficilement de devant notre fenêtre. Le bouvreuil est comme nous, il ne sait pas s'arrêter quand on lui donne quelque chose de bon. Il nous arrive de le chasser quand il reste trop longtemps à picorer nos délicieux beignets…

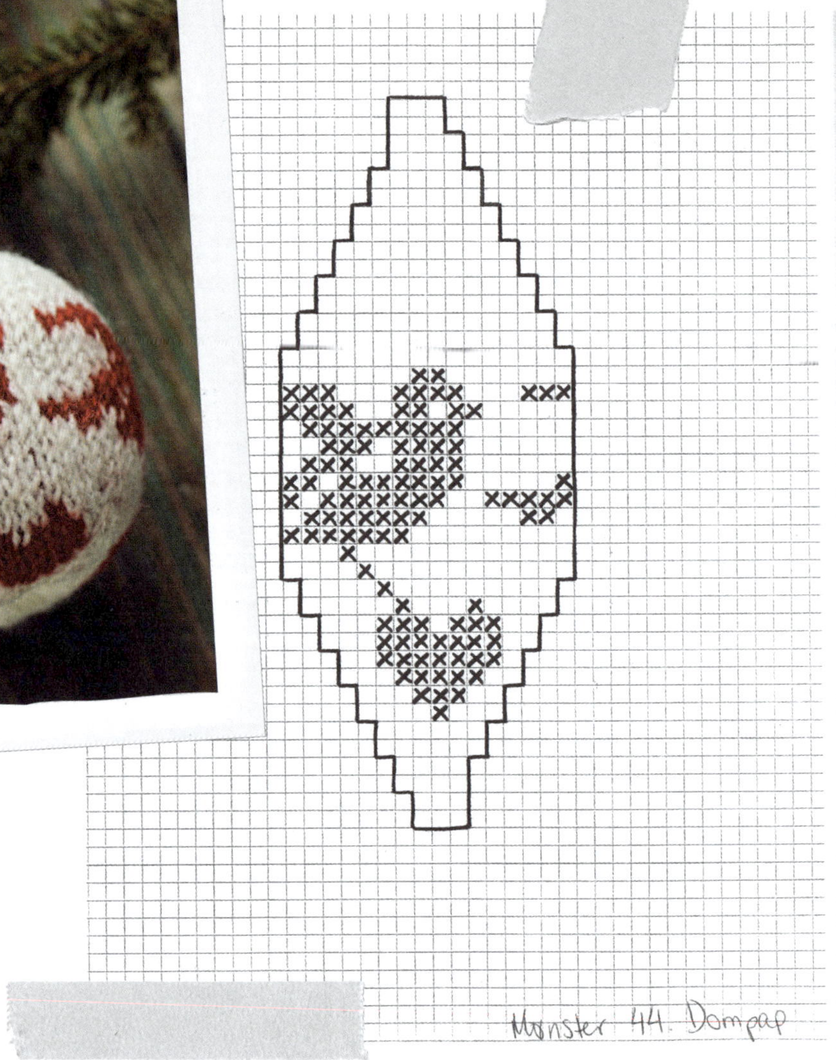

BOULE 45

« ÉCUREUIL »

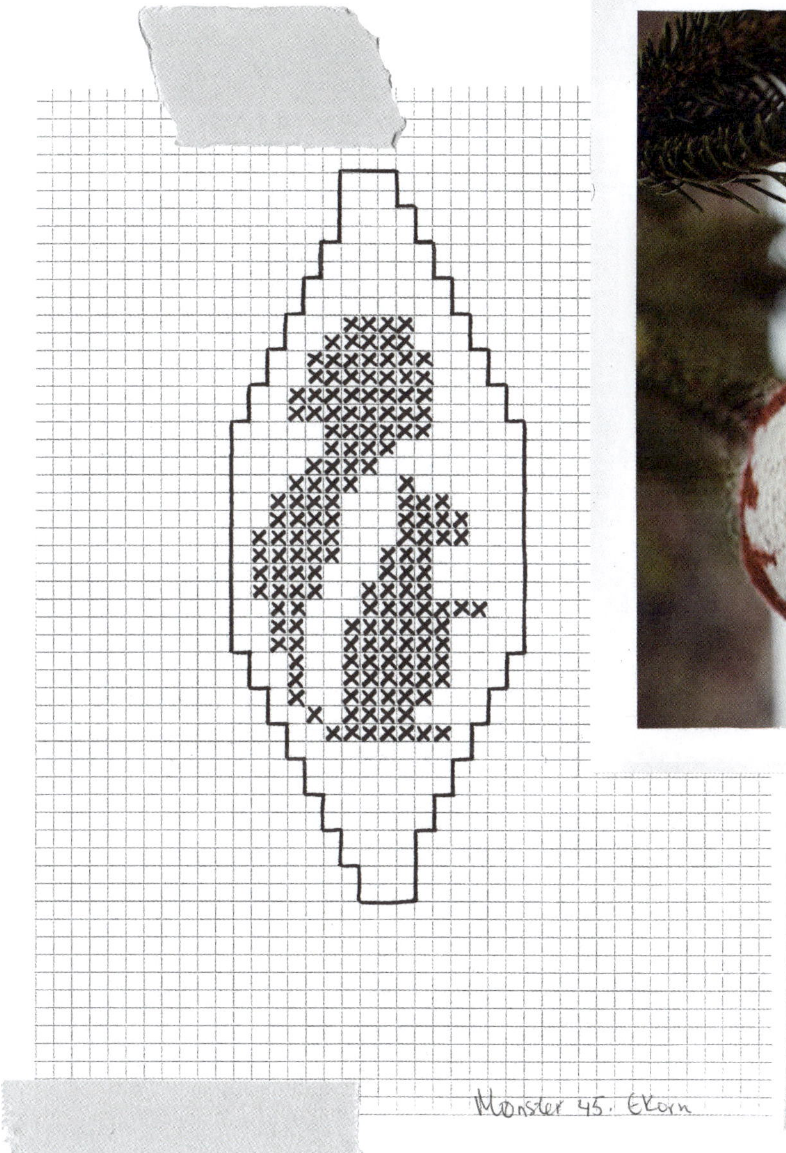

Le motif écureuil est très souvent utilisé pour des vêtements d'enfant. Nous avons créé notre écureuil à nous en espérant qu'il nous rendra visite au printemps...

Pendant des années, un écureuil venait régulièrement grignoter nos friandises dans le nichoir à oiseaux, quelquefois jusqu'au mois d'avril. On lui mettait des noisettes pour lui faire plaisir. Au début, il était un petit bonhomme agile, courant autour du nichoir et se posant à côté du réservoir à eau. La dernière fois qu'on l'a vu, ses poils étaient tout gris, et il courait beaucoup moins vite. On ne l'a pas vu à Noël cette année.

BOULE 46

« BOUQUETIN DE PAILLE »

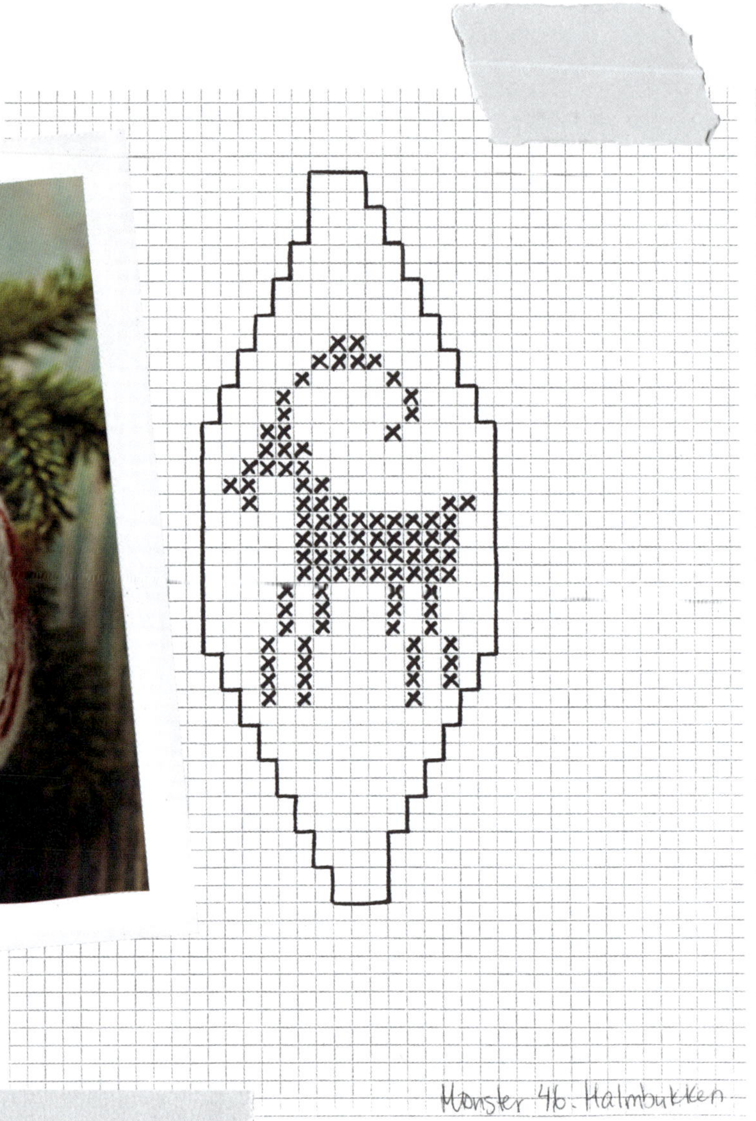

Les décorations de Noël en paille symbolisent que l'enfant Jésus est né dans une étable. C'est une tradition qui existe surtout en Suède. Voici notre version.

« La chèvre de Noël »

Selon la tradition, au moment de Noël, les enfants rendaient visite aux amis et voisins, déguisés en chèvre et autres lutins. L'idée de base consistait à cacher son visage avec un vieux collant tiré sur la tête qui effaçait vos traits et empêchait le sang de circuler, c'était assez désagréable. Si en plus on avait peur du noir, on se limitait aux voisins les plus proches dans des rues bien éclairées. C'était quand même un peu impressionnant, car que ferait-on si on nous ouvrait la porte ? Le langage des chèvres, personne n'osait le parler de peur d'être reconnu. Et chanter, encore moins, c'était pour les petits Américains. À l'époque, on ne connaissait pas encore les rituels d'Halloween, c'est venu beaucoup plus tard, par le cinéma et la télévision.
Et c'était début novembre, pas en décembre.
Alors, tout angoissés, on attendait sur le pas de la porte d'un voisin, et on avait droit à des remarques du genre : Ah, comme vous êtes beaux, déguisés comme ça ! Et puis clac ! La porte se refermait. Personne n'avait le courage de rester dehors par des températures inférieures à zéro pour nous entendre chanter une chanson de Noël. Alors on rentrait chez nous en courant, dans des chaussures trop grandes, retirait le collant, retrouvait nos vrais visages et voilà. Les adolescents étaient plus courageux, ils se présentaient chez une tante ou une grand-mère pour montrer son petit ami à la famille. Et ils avaient les moyens d'acheter de vrais masques, comme les clowns : nez rouges, joues rebondies, lunettes, ou alors des têtes d'animaux. Après, ils allaient à des fêtes pour déguster des friandises et peut-être gagner le gros lot à la tombola. Ils disparaissaient ensuite dans la nuit en riant et en chahutant – ils n'avaient pas peur du noir, eux. Cette tradition a disparu depuis longtemps. Personne n'ouvre plus la porte à des inconnus, surtout le soir. C'est trop dangereux. Eh oui, les temps changent…

NOREG
15 50

CHAPITRE 16

Rennes

Le renne est un de nos motifs préférés. Dans ce chapitre, vous trouverez deux boules dessinées par nous-mêmes et deux autres, plus classiques.

BOULE 47

« CŒUR DE RENNE »

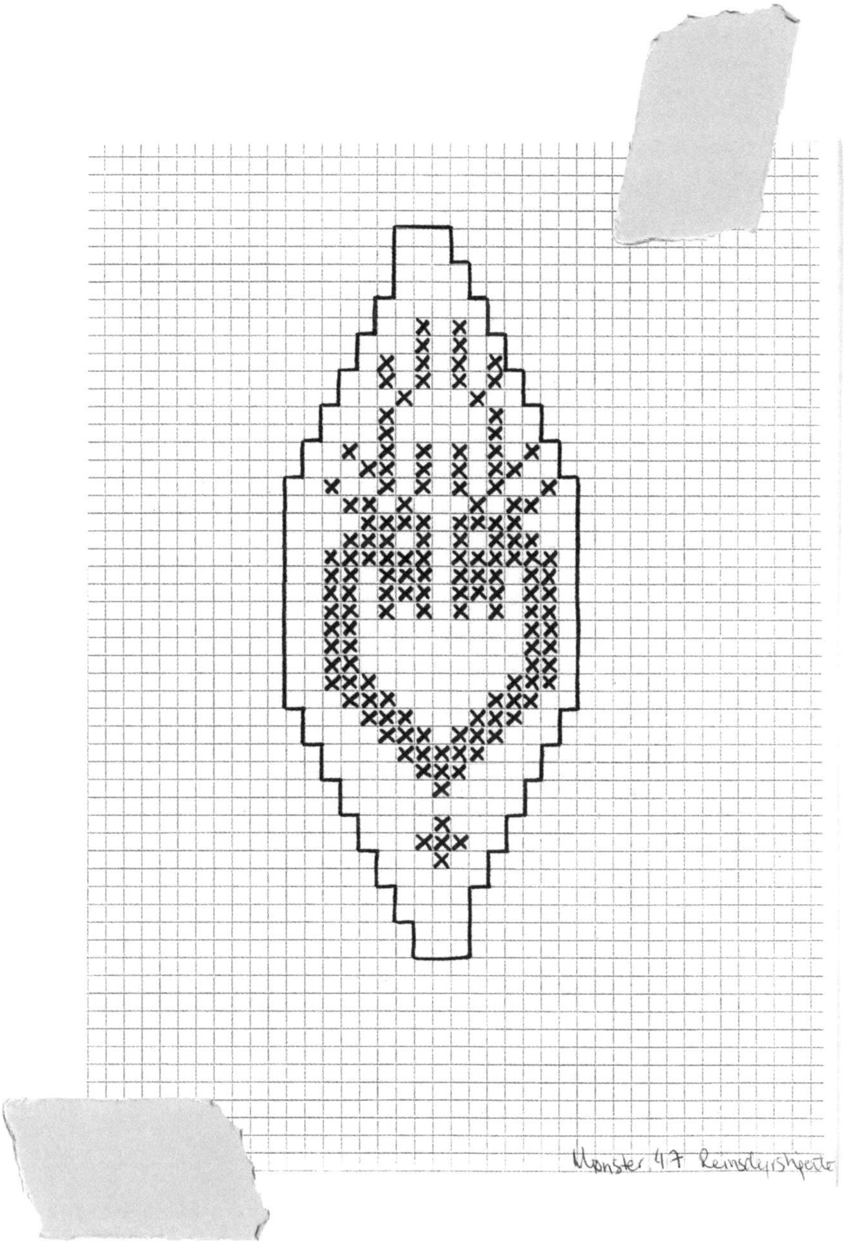

Voici les têtes de renne que nous avons créées pour notre première collection de tricot. Depuis, les rennes représentent un élément important chez nous. En plaçant deux têtes face à face, elles forment un cœur.

BOULE 48

« RODOLPHE »

Le Père Noël n'aurait rien pu faire sans son ami Rodolphe le renne. Vous pouvez coller ou coudre un nez rouge en perle de verre pour apporter un détail amusant. Nous avons déjà utilisé ce motif pour des pulls figurant dans nos premières collections, mais en réalisant un relief en tricotant les mailles à l'endroit et à l'envers.

Les boules au tricot s'accrochent sur le sapin, mais peuvent aussi être destinées à d'autres décorations. Ici, nous avons réalisé un mobile avec trois bois de renne assemblés en triangle et suspendu au plafond de la cuisine. Les boules à motif de renne sont les plus nombreuses, c'est évident !

BOULE 49

« RENNE »

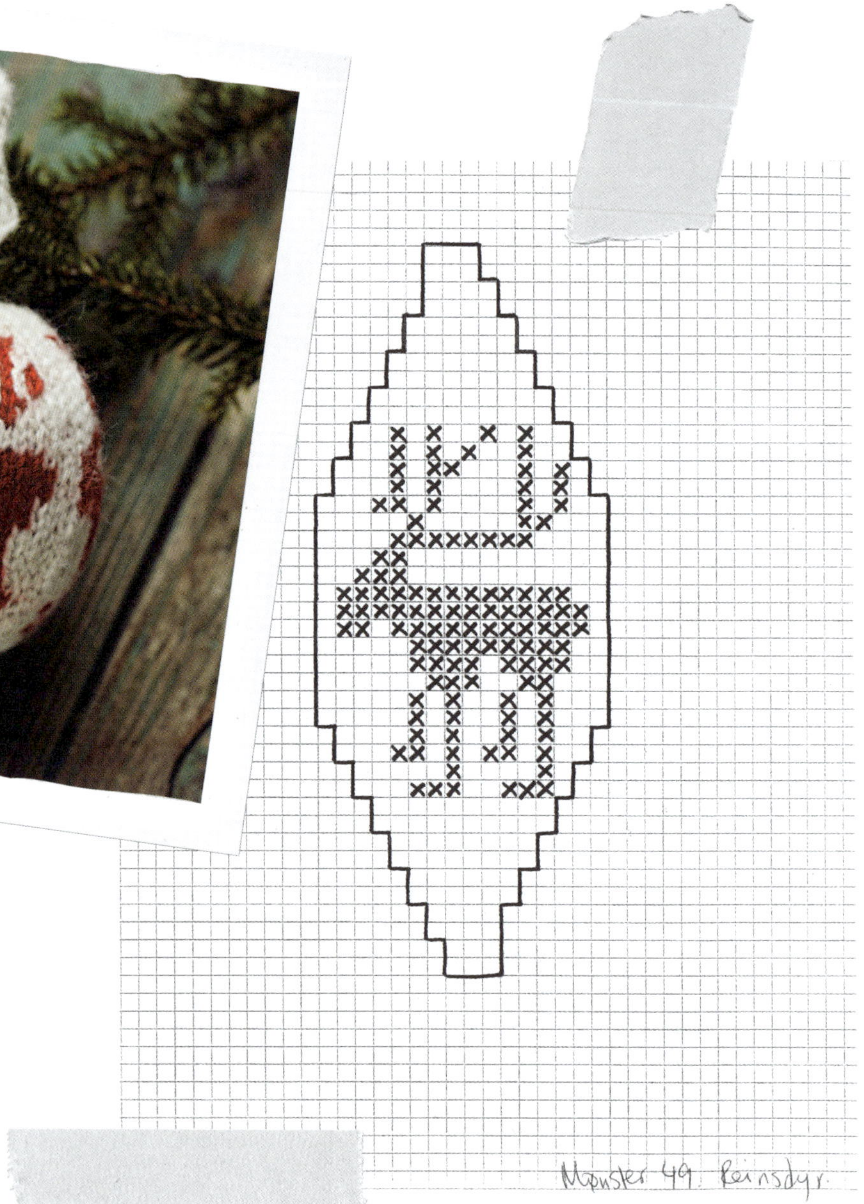

Un grand classique destiné aux pulls, moufles et bonnets. Nous avons un peu rallongé les pattes pour l'adapter à une forme ronde.

BOULE 50

« RENNE AU GALOP »

Un autre grand classique, à pattes plus courtes.

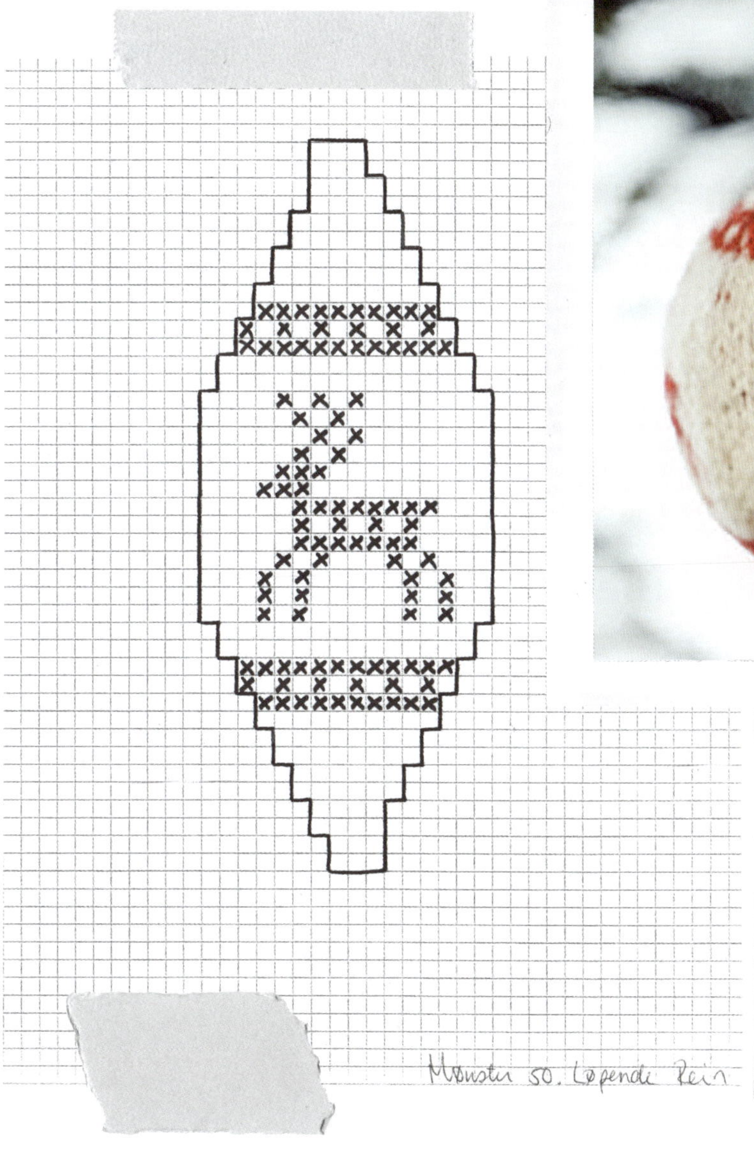

CHAPITRE 17

Bougies

Maintenant s'allument des
milliers de lumières de Noël
Illuminant toute notre terre
Et les étoiles du ciel
brillent là-haut
Pour les petits comme
pour les grands.

« Maintenant s'allument des milliers de lumières de Noël »
de Emmy Köhler

BOULE 51

« ANGE AVEC BOUGIE »

Ce motif est très ancien et commun en Scandinavie. Nous ne connaissons pas son origine. Mais voilà notre ange à la bougie, adapté pour une boule au tricot.

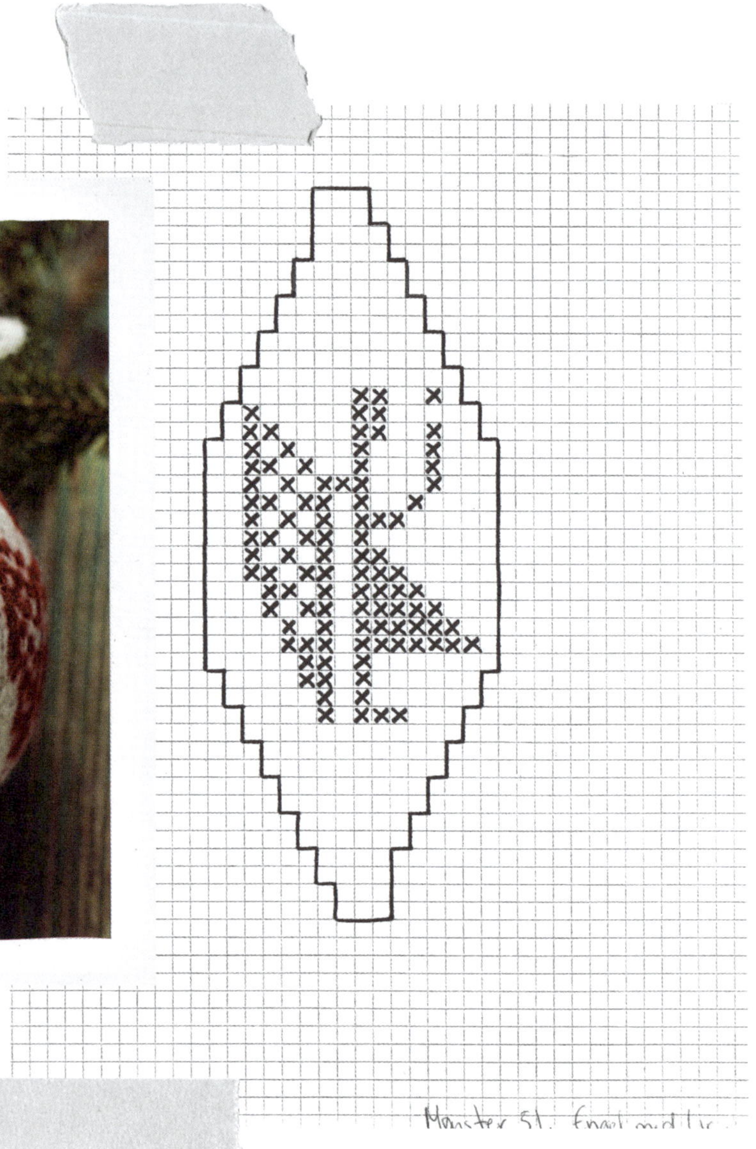

BOULE 52

« BOUGIES »

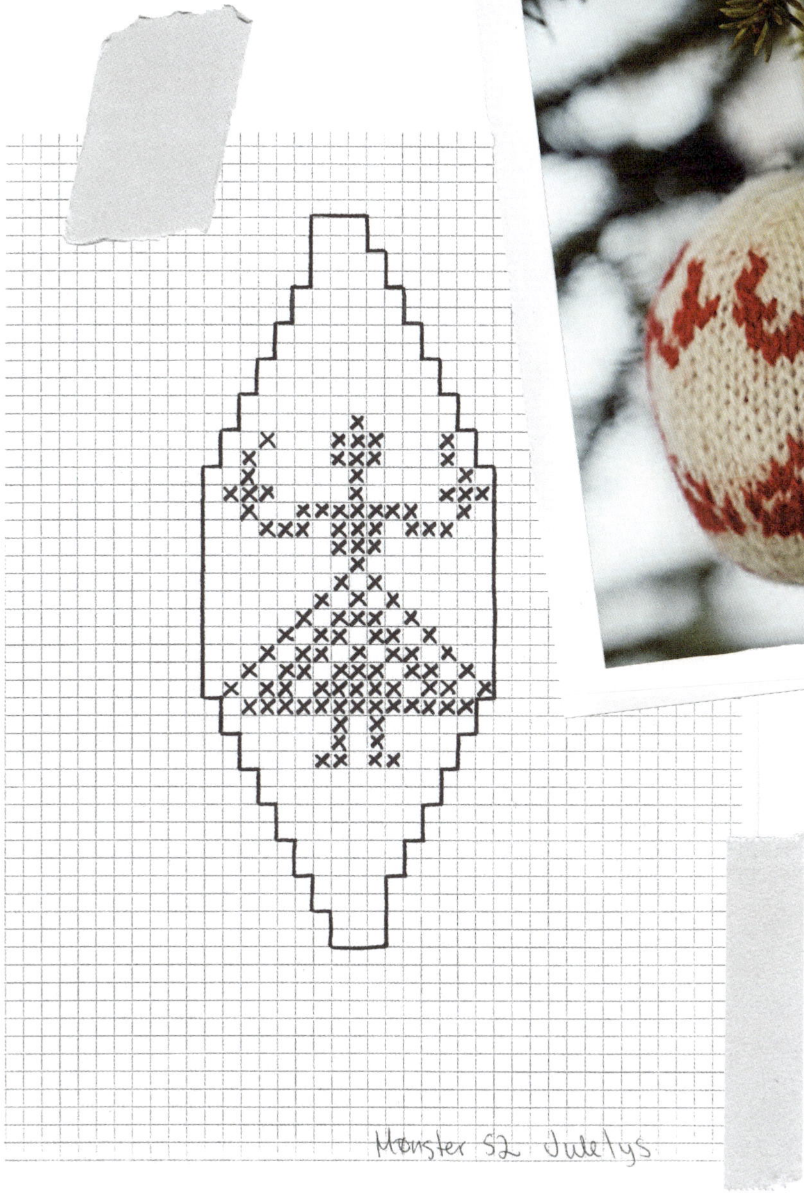

Cette jeune femme portant une bougie dans chaque main est un motif trouvé sur une moufle créée par l'association Vestlandske Husflidslag à Bergen. Elle ressemble à notre bougeoir suédois en forme d'ange, déniché dans une brocante à Göteborg.

Cette année, nous avions décidé de mettre des vraies bougies sur notre grand sapin. Mais malheureusement, nous n'avions pas assez de petites bougies pour nos supports à pince. Alors une carte postale ancienne a fait l'affaire sur cette branche…

BOULE 53

« CHANDELIER DES ROIS MAGES »

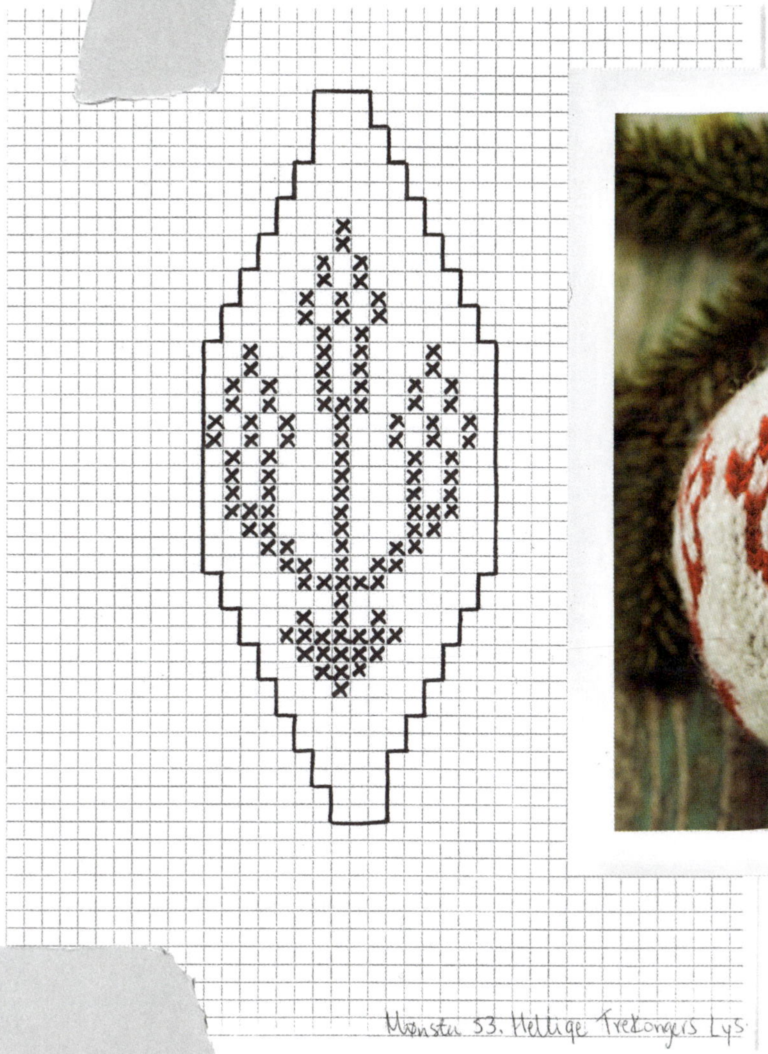

N'hésitez pas à coller des cristaux sur cette boule à l'extrémité des « flammes ». Effet « bougie » garanti.

Le 6 janvier est le treizième jour après Noël ou l'Épiphanie. Autrefois, cette date était plus importante que le soir de Noël. Il était interdit de travailler dans la forêt, car cela portait malheur. Il était dit que des bûcherons avaient perdu la raison en se rendant en forêt le treizième jour et ne l'ont jamais retrouvée.

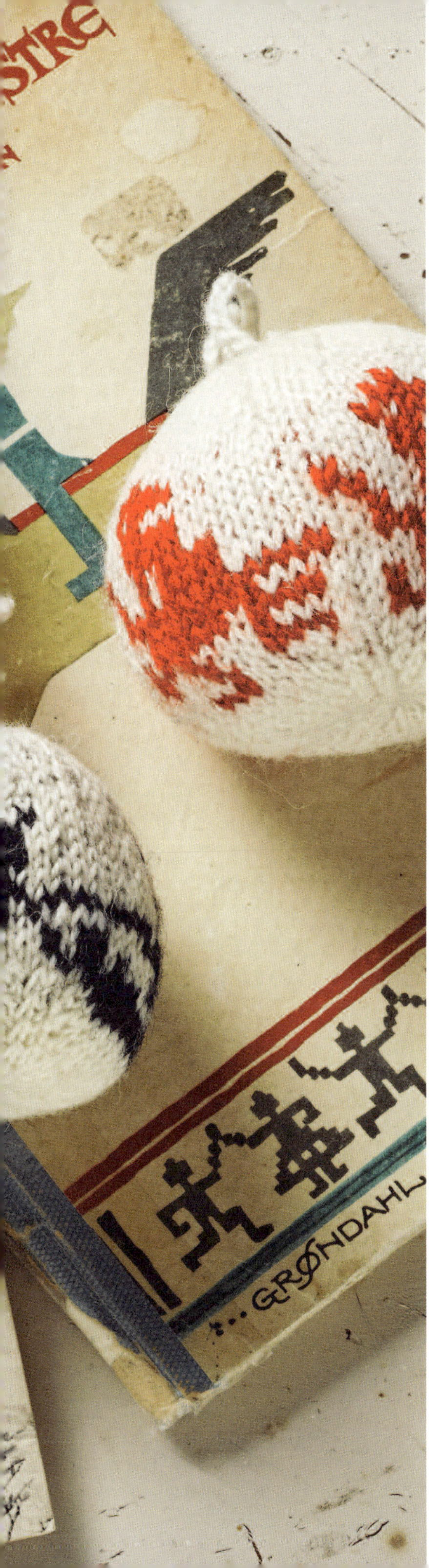

CHAPITRE 18

Visites de Noël

Nous sommes arrivés à la ferme en traîneau attelé, la neige dépassait presque du toit de la maison. Les fenêtres avaient été dégagées. Nous avons attaché le cheval à la porte de la grange et lui avons donné du foin avant de pénétrer dans la maison chauffée où vivaient des personnes âgées.

Le salon était sombre et bas de plafond. Il y faisait une chaleur agréable et la vieille femme nous apporta un plateau où il y avait les sept sortes de gâteaux obligatoires. Les lattes du plancher étaient très larges. La femme portait une longue jupe évasée à rayures. Elle réchauffait du café, parlait de la pluie et du beau temps et voulait avoir des nouvelles du village. Quand nos yeux se sont enfin habitués à l'obscurité, on voyait que, au-dessus de sa tête, flottait une sorcière sur un balai, toute de noir vêtue et plutôt effrayante à regarder. Il n'y avait pas de doute. C'était Tretten-Kari, Kari-du-treizième-jour, qui dansait au-dessus du poêle de Karen, la vieille fermière.

BOULE 54

« VISITE DE NOËL »

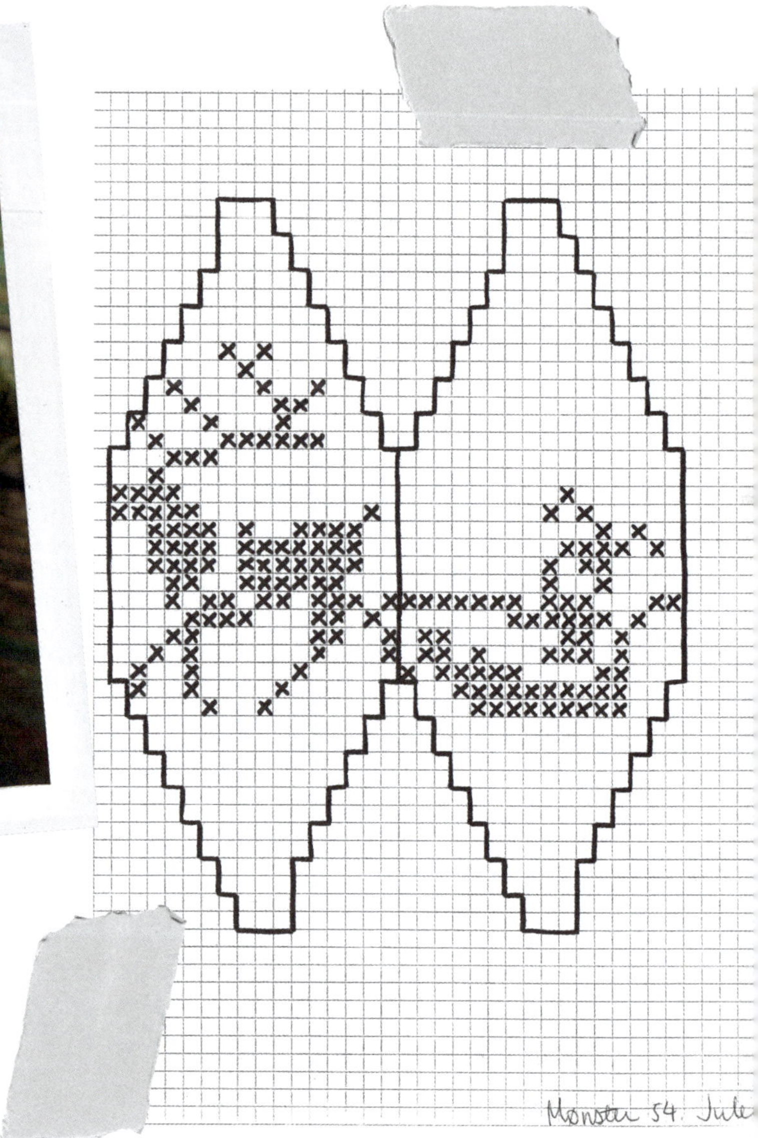

Ce motif, représentant un homme assis dans un petit traîneau derrière le renne, est une interprétation libre d'une image publiée dans le livre « *Tricots pour tous les jours* » de Annemor Sundbø. Le motif est composé de deux parties, c'est pourquoi nous vous présentons ici deux photos. Les visites de Noël se faisaient en petit traîneau (surtout pour les enfants) ou en traîneau à deux places. En Suède, chez les arrière-grands-parents de Carlos, le cocher Karlsson emmenait la famille en visites de Noël dans une voiture tirée par plusieurs chevaux noirs. Si quelqu'un d'entre vous désire dessiner et tricoter son propre motif, une grille vierge figure à la fin du livre. Bon courage !

BOULE 55

« TRETTEN-KARI »

« Tu voulais savoir qui est Tretten-Kari ? C'est une sorcière qui, selon la légende ne pouvait entretenir aucune relation sociale avec les chrétiens et ne sortait de chez elle qu'une fois l'an pour faire des visites de Noël, et c'était le treizième jour ».

Citation de « Sidsel Sidserk », roman de Hans Aanrud

Une boule de Noël avec un motif de sorcière, cela peut paraître surprenant et elle serait sans doute plus à sa place à une autre période de l'année. Mais maintenant, vous savez tous qui est Tretten-Kari et la raison pour laquelle nous avons créé une boule spécialement pour elle.

CHAPITRE 19

Le vingtième jour

Je marche sur une coque de noix,
je cherche des bonbons,
tout est fini, c'est la Saint Knut,
et on doit tout ranger !

Au revoir, ma jolie étoile,
et mon petit lutin !
Au revoir, belles décorations
et à l'année prochaine !

Le vingtième jour de Britt G. Hallqvist

La Saint Knut, le vingtième jour :
Knut Lavran était un duc danois qui fut tué par son cousin et rival le 7 janvier 1131. En 1680, Knut fut sanctifié et le jour de la Saint Knut est fixé au 13 janvier, vingt jours après Noël.

Joyeux Noël !

Bibliographie

Børretzen, Odd. *La triste vie et histoire du peuple norvégien*. Tiden Norsk Forlag, 1968
Mc Gregor, Stella. *Traditional Scandinavian Knitting*. Dover Publications, New York, 1984
Norbury, James. *Traditional Knitting Patterns*. Dover Publications, New York, 1973
Sibbern Bøhn, Annichen. *Motifs de tricot norvégiens*. Oslo, 1947
Sundbø, Annemor. *Tricots pour tous les jours*. Det Norske Samlaget, Oslo, 1994
Sundbø, Annemor. *Fils invisibles dans l'art du tricot*. Det Norske Samlaget, Oslo, 2005
Upitis, Lizbeth. *Latvian Mittens*. Schoolhouse Press, Pittsville, 1997
Aanrud, Hans. Sidsel Sidserk. *Den Norske Bokklubben*. Imprimé en Belgique en 1976

Liste d'adresses :

Nos boules sont réalisées avec la laine Raumas finullgarn ou PT2 de Rauma Ullvarefabrikk.
Tél : (+47) 71 22 05 00 www.raumaull.no

Pour les cristaux Svarowski et la colle pour textiles : Panduro Hobby
www.pandurohobby.no

Laines Anny Blatt à Oslo : Tjorven Garn. Tél : (+47) 22 69 33 60
www.tjorven.no et www.annyblatt.fr

Nouveautés, information, kits de tricot Arne & Carlos et Rauma : www.arne-carlos.com

Et pour finir, un grand merci à tous ceux qui nous ont aidés à réaliser ce livre !

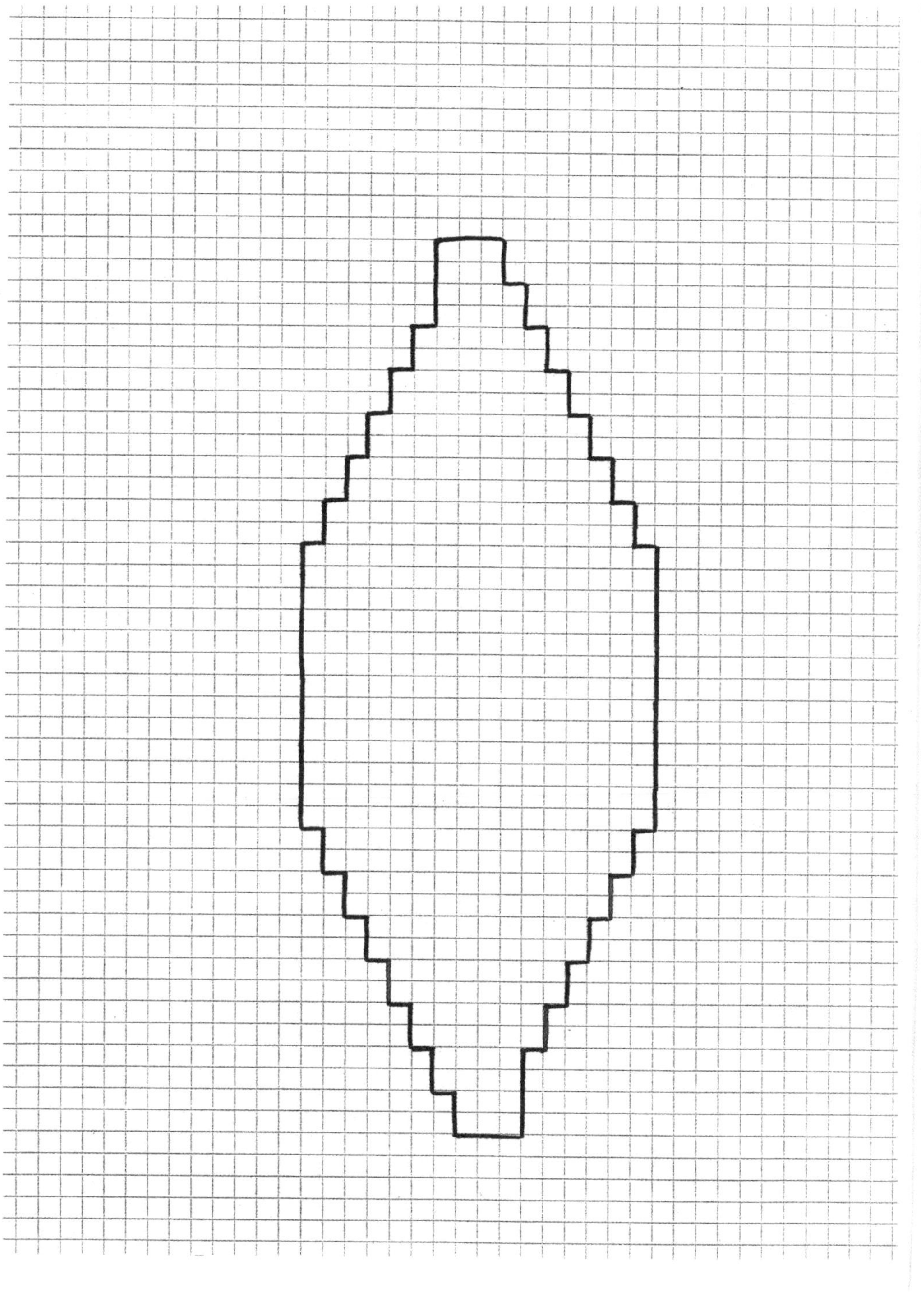